AN ECONOMIST
WALKS
INTO A BROTHEL

对

**不确定时代
如何聪明地冒险**

冲

［美］阿莉森·施拉格（Allison Schrager）◎著
任颂华◎译

中信出版集团｜北京

图书在版编目（CIP）数据

对冲 /（美）阿莉森·施拉格著；任颂华译. -- 北京：中信出版社，2020.1
书名原文：An Economist Walks into a Brothel
ISBN 978-7-5217-0865-3

Ⅰ.①对… Ⅱ.①阿…②任… Ⅲ.①风险管理—研究 Ⅳ.①F272.53

中国版本图书馆 CIP 数据核字 (2019) 第 261429 号

An Economist Walks into a Brothel by Allison Schrager
Copyright © 2019 by Allison Schrager
All rights reserved including the right of reproduction in whole or in part in any form.
This edition published by arrangement with Portfolio, an imprint of Penguin Publishing Group, a division of Penguin Random House LLC.
Simplified Chinese translation copyright © 2020 by CITIC Press Corporation
ALL RIGHTS RESERVED
本书仅限中国大陆地区发行销售

对　冲

著　　者：[美]阿莉森·施拉格
译　　者：任颂华
出版发行：中信出版集团股份有限公司
　　　　　（北京市朝阳区惠新东街甲 4 号富盛大厦 2 座　邮编　100029）
承　印　者：北京诚信伟业印刷有限公司

开　　本：880mm×1230mm　1/32　　印　张：8.75　　字　数：170 千字
版　　次：2020 年 1 月第 1 版　　　 印　次：2020 年 1 月第 1 次印刷
京权图字：01-2019-3727　　　　　　 广告经营许可证：京朝工商广字第 8087 号
书　　号：ISBN 978-7-5217-0865-3
定　　价：59.00 元

版权所有·侵权必究
如有印刷、装订问题，本公司负责调换。
服务热线：400-600-8099
投稿邮箱：author@citicpub.com

目　录

第一章　风险：是什么，出现在哪些非常规之处

风险是什么 // 004

妓院经济学 // 008

金融：关于风险的科学 // 017

风险的规则 // 019

世界越来越有风险，但你可以控制它 // 023

规则 1：没有风险就没有回报　// 027

第二章　回报：明确你想要什么才能得到什么

迷你卷 // 033

无风险的代价 // 040

对我是无风险，对你则不是 // 042

第三章　冒险：何时应该拒绝安全、争取更多

经济学家也会算错无风险 // 050

无风险的退休生活 // 055

第四章　好莱坞对确定性的追求永无止境

风险模型破碎之地 // 064

用数据衡量风险：通常会发生什么 // 068

电影行业：来自偏态的诅咒 // 073

过去不能预测未来 // 080

数据是魔鬼，也是天使 // 081

第五章　风险的类型：狗仔队不为人知的生活

狗仔队的黄金法则 // 088

狗仔队的淘金热 // 093

特殊风险和系统风险 // 096

区分风险很有用 // 098

我们其实和狗仔队一样 // 101

经济焦虑无处不在 // 103

规则 2：赌注很高时，如何保持理性　// 105

第六章　展望理论：回归理性

如何控制情绪 // 112

我们为什么厌恶风险 // 113

盈亏平衡效应的作用：在线扑克的世界 // 119

不理性会怎么样 // 120

如何像扑克冠军那样去冒险 // 122

第七章　风险的错误认识：心存侥幸

疯狂的犯罪 // 131

在理解概率方面，我们都做得很糟糕 // 135

以概率思考并不是天性 // 138

如何掌控风险 // 140

规则3：为风险投资谋求最大回报　// 143

第八章　多样化：在所有错误的地方寻找效率

可怜的"挑逗者" // 148

种马市场效率很低 // 149

育种者如何降低风险 // 152

近亲繁殖 // 154

多样化的好处 // 158

现代投资组合 // 160

种马繁殖对马科维茨的回应 // 165

规则4：成为你领域的主人　// 169

第九章　消除风险：对冲的艺术

对　冲 // 179

更多地投资于无风险资产 // 181

现代金融 // 183

买入变动方向相反的资产 // 187

负对冲：风险越大，回报越多 // 188

为了未来的航程而对冲 // 190

第十章 保险：引入股票期权

保险就是魔术 // 200

期　权 // 202

希腊字母与风险 // 207

保险是带有契约的魔术 // 211

期权是幻觉吗 // 213

第十一章 道德风险：带着保险去冲大浪

冲大浪者和精算师一样，区别只是皮肤晒得更漂亮 // 223

异母兄弟 // 225

金融巨浪 // 229

黄金时代不再 // 232

我们如何做得更好 // 235

规则 5：不确定性无处不在　// 239

第十二章 不确定性：战争迷雾

东 73 之战 // 244

未知的"未知" // 251

由于惯于无视不确定性，历史注定重演 // 254

如何处理不确定性 // 257

从军事中我们需要学习的 // 260

结　语 // 263

致　谢 // 265

注　释 // 269

第一章

风险：是什么，出现在哪些非常规之处

有一个革命性的观点能够定义摩登时代和过往时代的边界，那就是对风险有所掌控：未来不仅是神一时的奇思妙想，人在自然面前也不是被动的。

——彼得·伯恩斯坦

《与天为敌》

尽管内华达州艳阳高照,但室内还是很昏暗,也不透气;电视播放着《我爱露茜》(*I Love Lucy*),但画面不清晰,也没有声音。铃响了,一个相貌平平的矮胖男子出现了。突然间,十几个女子从长长的迷宫一般的走廊里跑了出来,匆匆经过我的身边,然后在门厅站成一列。每个女子双手交叉在背后并走上前说出自己的名字。那个男人指向他左手边第二个穿着红色丁字裤和蕾丝胸罩、体态丰满、淡金色头发的女子。女子拉着他的手把他带进了房间。

欢迎来到"月光兔女郎农场"。也许你从来不会指望在一家合法的妓院里见到一位专门研究养老金融的经济学家,但我不是一个寻常的冒险者。为了更好地理解风险,我会去寻找风险。但我不会去探寻让肾上腺素飙升的场所。我从来没有蹦过极,也不滑雪,也可能是唯一不敢乱穿马路的纽约人。我不会出于藐视概率的冲动而探寻有风险的地方，但我会去探寻那些不寻常的地方，以便更好地理解风险并学习如何管理它。

我接受过培训，可以制定政策，为行业领袖提供建议或在大学里进行研究论文的写作。但我还是去了那里，来到位于内华达州偏远角落处一间乙烯基树脂立面的房子里，坐在红色天鹅绒的沙发上——因为类似性服务行业这样的市场因风险而繁荣。我们总能找到更好的方法来评估和降低风险，所以我会四处探寻——只要那里有人可能在与概率进行抗争。说到底，如果你不知道股票市场将飙升还是崩盘，或者你会活多久，那么，为了你的退休计划，你就需要学会掌控风险。

性服务行业是一门有风险的生意。我去内华达州就是为了了解这个行业是如何分离出风险并为风险定价的。大多数性工作者和她们的客户可能会被逮捕或遭受暴力。在街上揽客的性工作者相较于一般大众，被谋杀的概率要高出13倍。性工作者谋杀案件中有35%是连环杀手犯下的。买春行为或者卖淫行为会带来污名：一旦被捕，性工作者和嫖客将面临社会、职业以及法律上的负面影响。我去妓院就是为了了解需要付出怎样的代价才能消除这些风险。

风险是什么

人们听到"risk"（风险）这个词的时候，会本能地想到一些可怕的事情、糟糕的境遇，比如失去工作、财富或配偶。

但我们需要承担风险才能让生活变得美好。我们必须赌一把才能得到想要的东西，即使这么做有可能会使我们蒙受损失。如果我们想要一段良好的关系，就要冒着心碎的风险；如果我们想要在工作中取得成功，就必须主动参加可能失败的项目；如果我们回避风险，我们的生活就无法前进。从技术上讲，风险描述了可能发生的一切后果——有好有坏——以及这些后果可能发生的概率。

甚至"risk"这个词的历史也说明我们对这个概念有着怎样的复杂感觉：它来源于rhizikón，是古希腊人描述危险、危害的航海术语。虽然它的用途随着时代的变化而略有改变，但总是用于描述一些危险的东西。但是，在16世纪，随着探索新世界的启动，它的意义发生了变化。人们开始将风险看作一种可以控制的东西——而不是全由命运掌控。中世纪中期的德语单词rysigo意味着"挑战、承担、进取心，以及获得经济上成功的希望"。

无论你是否意识到，每天，在你生活的各个方面，你都会冒大大小小的风险。好消息是，你不必全凭运气，指望有最好的结果。本书将告诉你如何谨慎地冒险，同时将发生最坏情况的可能性降到最低。

我们经常被教导以"如果我做了X，那么会得到Y"这样的方式进行思考并做出决策。但实际上，在任何时候，当我们做出决策后,一系列的 Y 就会发生——它可能是最好的结果,也可能是最坏的。一旦我们认识到这一点,就可以采取措施改变 Y 的范围。我们虽然无法保证得到正面的结果,但如果我们在考虑风险时更具策略性,就可以增大成功概率。有时候这被称为冒"预期(中的)风险"。不过,有一门科学是谈风险的,它可以帮助你明白什么是值得尝试的,以及如何将冒险时取得成功的机会最大化。

我指的风险科学来自金融经济学。虽然你可能会想到那些头发油光、穿着花哨的男人正在忙着赚钱——或者是拿走你的钱,但其实金融市场发生的大部分交易只是简单的风险买卖。金融风险是对资产可能发生的一切情况进行估计,比如股票上涨 2% 或 20%,或下跌 60% 的概率。一旦风险得到评估,资产就可以被买卖:人们根据自己的偏好,可以选择增加或降低其中的风险。金融经济学研究金融市场中的风险,但其经验教训可以适用于我们在生活中经历的任何市场或做出的任何决定。

例如,像所有风险学家一样,我永远不会搭乘纽约市的穿城巴士,因为乘坐它要花费的时间完全不可预测:平均来说,乘车穿越曼哈顿岛要花 30 分钟,但在不同日期或时间段,这一旅程可能会超过一个小时,也可能只要 15 分钟。如果我走路,需要 35 分钟——每一次都如此。如果我选择走路,就不必担心拥挤的交通或乘客在好多个站点上下车。步行穿城的时间几乎

第一章
风险：是什么，出现在哪些非常规之处

是完全可预测的，对我来说和乘坐公交车花的时间基本上差不多。用金融经济学的术语来说就是：如果你需要在具有相似回报的两个投资组合之间做出决定，那么应该选择风险较小的那个。

当我们需要做出冒险的决定时，这些来自金融经济学的经验教训非常有用，但我们大多数人从不学习它们。我获得了经济学博士学位，但在毕业之前我对金融学的了解并不多。我曾经认为，金融经济学只不过是研究人们如何试图战胜市场并致富的。虽然那是其中的一部分——因为风险的增加提供了赚更多钱的可能性，但金融经济学不止于此：它是关于风险的研究。

随着我对金融经济学的了解越来越多，我开始意识到如何将它基于市场风险的经验教训，转化为一种新的方式来理解并认清一个更广阔的世界。掌握如何使用这些工具能让我们每天在进行复杂的风险决策时做得更好：无论是决定回学校上学或在初创公司工作，还是考虑分配多少的时间在某个项目上工作或确定出价多少来购入梦想的房子。

风险经济学无处不在。在写本书的时候，我做了经济学家很少做的事情。我没有坐在家里的办公桌前看数据，反倒花了很多时间和远离华尔街的非经济学家做伴，向他们请教如何在生活和事业中管理风险。

我采访的每个人都能在快速变化的经济环境中找到高明的方法来识别和管理风险。他们的故事说明了金融经济学中最重要的原则，而且比任何有关股市的故事都要更深刻。

妓院经济学

我访问月光兔女郎农场的时候,它的老板是丹尼斯·霍夫,一个70多岁、略微驼背、威风八面的大个子秃头男人。他经常穿着保龄球衫和卡其裤走进妓院大厅,年轻的金发女郎站在大厅两侧,争夺着他的注意力和认可。霍夫于2018年10月去世,享年72岁,人们在色情明星罗恩·杰里米开设的一家妓院的豪华套房里发现他的尸体。

霍夫在亚利桑那州长大,是家中的独子,父母对他宠爱有加。高中时,他在加油站工作,在女朋友怀孕后就娶了她。不久之后,霍夫开始购买加油站。他在20世纪70年代能源危机时期非法售卖汽油并发了一笔小财。他一直有婚外情,最终导致婚姻破裂。霍夫搬到圣迭哥,开始从事共享度假别墅的生意,并与从事色情行业的人交上了朋友。他也成为内华达州合法妓院的常客。

在美国,唯一能合法从事性交易的地方是内华达州的少数几个县,而且该行业受严格监管。合法的性工作者必须在有执照的妓院工作,接受常规的性传播疾病检查,并接受广泛的背景调查。

20世纪80年代,霍夫和他的朋友经常光顾妓院。那时的妓院是肮脏的、充满悲伤的地方——通常是沙漠中的一辆拖车,嫖客指望女性在其中以妓院指定的任意价格为他们提供任何类型的性服务。妓院也不允许这些女性连续休假好几天。

第一章
风险：是什么，出现在哪些非常规之处

1993 年，霍夫买下了位于卡森市外的一个小镇中的月光妓院。他决定以与出售共享度假别墅相同的方式来从事性服务行业。他取消了定价，让妓女选择她们想要提供的服务以及为谁服务。他设定的业务模型是，让妓院里的每个妓女成为独立承包商，她们可以根据自己的偏好选择上下班时间①，并就每次交易自行商谈。这给了她们更多的自主权和动机去争取、要求更高的收入。霍夫去世的时候，他已经买下了 6 家位于内华达州的妓院，我拜访了其中 4 家。

在许多方面，妓院与其他工作场所一样。妓院会召集工作人员开周例会（和大多数传统公司不同的是，女士会经常戴着古怪的帽子并喝茶），并提供财务建议、绩效奖金甚至住宿（霍夫买下了当地的一幢公寓楼，许多工作人员住在那里）。月光兔女郎农场是霍夫最著名的妓院，一个名为《猫屋》（*Cathouse*）的色情真人秀电视节目甚至为它做了专题节目。

但霍夫提供的价值在于，他降低了性交易中买家和卖家的风险。

供 给

我在内华达州见了几十名性工作者，每个人因为不同的原因而从事这个行业。这些故事中有一些十分令人心碎，而另一

---

① 但在她的指定班次时间，她必须待在妓院里。

些故事只是描述了一个喜欢她的工作和工作提供的收入的女人。我见过很多有工商管理硕士和博士学位的女性,但在我研究经济学和金融学的那些年,从来没有遇到过比谢尔比·斯塔尔更精明的商人。①

斯塔尔是霍夫7家妓院中收入最高的人之一。她40岁出头,身材出众,有着一头长长的金发,说话时带着温柔而沙哑的得克萨斯口音。斯塔尔已婚,有3个孩子。除了她的职业有点不寻常之外,她过着常规的生活。她白天在妓院工作,晚上大多回到家里。我们在斯塔尔的卧室见面,谈论她的业务。

在开始妓院的工作之前,斯塔尔过着双重生活:白天是销售主管,副业是脱衣舞女。或者更准确地说,她的主业是一名高收入的"会议圈"的脱衣舞女,销售主管才是副业。"脱衣舞女也有一个会议圈吗?"我问道。

没有官方的圈子,斯塔尔解释道。但是她注意到,如果城里召开某些会议,她就有更多跳舞的机会。她研究了不同的会议——最好是技术公司买单的会议——召开的地点,并且和全国各地的脱衣舞俱乐部建立了良好的关系,这样她就能跟踪在不同城市进行的那些最有利可图的活动。

不出所料的是,斯塔尔通过跳舞赚到了比她当销售主管更多的钱。她承认,她保留销售主管的工作只是为了避免与脱衣

---

① 斯塔尔现在在野马农场工作,野马农场是霍夫的另一家合法妓院。

第一章
风险：是什么，出现在哪些非常规之处

舞女关联在一起的耻辱感——部分原因是她来自一个宗教家庭，常规的工作也使她更容易生活在一个小社区中生活并抚养孩子。15年来她一直默默地同时从事这两种职业。但斯塔尔承认，她职业女性与脱衣舞女的双重生活方式"其实非常明显，淡金色头发，假的棕褐色皮肤，一对大胸……我可谁都骗不了"。

快40岁的时候，斯塔尔觉得自己的年纪已经太大了，没法继续跳舞了。她讨厌她在公司的职位，而且公司希望她调岗到另一个城市；她的丈夫丢了工作。是时候尝试一些新鲜的东西了。斯塔尔听说合法的性工作者收入颇丰，通过真人秀节目她也了解了月光兔女郎农场，于是她联系了妓院经理叙泽特夫人。斯塔尔受邀自费前往内华达，进行为期两周的实习。

第一次旅行是一场豪赌，也是妓院里的女性要面对的最大风险之一。她们必须自己出钱，用合适的衣服和化妆品打扮自己，获得执照，并进行彻底的健康检查。这些前期成本高达1 500美元。对这些女性中的大多数人来说，这是一笔不小的开支，因为她们通常很年轻，工资也不高。雇主不可能给她们放两周的假，而是会解雇她们。一旦她们获得执照并成为一名合法的性工作者，她们从业的事实就会在随后的背景调查中被披露，而不管执业时间有多短。

除了这些担忧之外，她们还要担心自己甚至无法获得这份工作而把花掉的钱赚回来，或者那家妓院根本不适合她们。斯塔尔也很担心妓院的动态，有这么多的女人聚在一起争抢着相

同的客户。但是,潜在的好处也是巨大的:一个比以往能赚更多钱的机会。

斯塔尔前两周表现出色。她很快收拾好家里的东西并和家人一道搬到了内华达州。她现在是家里唯一的收入来源,一年的总收入超过 60 万美元。她对每个人都"公开"了自己的生活方式,甚至包括她的孩子。

但这一切都需要付出代价。在她的收入中,斯塔尔愿意向妓院支付多少来获得合法卖淫的机会呢? 10%?还是 25%?

当我知道斯塔尔向妓院上交了她一半的收入时,我十分震惊。她为什么这么做?主要原因是:降低性工作涉及的风险。但那还不是性工作者所需支付的唯一费用;她们还要支付到内华达州的旅行费用[①],使用卧室的费用,医生进行疾病检查的费用,以及衣服、化妆品、避孕套和性玩具的开销。作为独立承包商,她们必须为所有收入纳税,这要占她们剩余收入的 30%~40%。难怪她们中的一些人自豪地告诉我,性玩具和色情用品可以作为税收减免项而抵扣。

我在霍夫拥有的 4 家不同的妓院调查了 23 位妓女,询问她们最近五位或者所有记得起来的最近客户的情况,分析了 110 笔交易。[②] 她们平均每小时收费 1 400 美元,该费用可能因提供者和服务范围的不同而有很大差异。价格范围从最低的每小时

---

① 她们可能会住在国内的另一个地方。
② 我采访的妓女中有几位不在霍夫的妓院工作,不过她们声明价格也是差不多的。

360美元（妓院中一名新来的女子按照这个标准收费）到最高的每小时 12 000 美元。

既然能赚那么多钱，这些女性会不会受到诱惑而提供非法性交易，从而将收入全部归为己有？其实，大多数性工作者是这么做的。互联网改变了该业务的非法一面：性工作者不必向中介或者皮条客上缴她们的收入，因为她们可以在线做广告，直接向广大客户推销自己。但是，非法性交易的通常收费远低于每小时 1 400 美元。

通过从《色情评论》（*Erotic Review*）上搜集的为期 4 年（2013—2017 年）的数据，我可以估算出非法性交易的价格。《色情评论》是一本出版物，提供了详细的性交易评估数据。① 在美国各城市和内华达州北部，高端陪同服务的通常收费是每小时 350 美元。像纽约和拉斯维加斯这样的大城市价格略高一些，每小时约 400 美元。

合法的性服务有 300% 的加价，这令我感到惊讶。②

---

① 这些数据包括对 30 万桩不同性交易的观察，其中包括进行了怎样的性行为、用了多少时间以及如何收费。
② 如果和皮条客合作，是不是价格会更高？2003 年时，经济学家史蒂芬·列维特以及社会学家素德·文卡特斯的估计是，相比独立揽活的妓女，与皮条客合作的妓女可以多赚 50%。他们认为，这一加价来自相比街头妓女自己去找客户，皮条客更有能力找到更多的客户。不过他们的研究早于在线广告出现之前。在互联网和社交媒体时代，皮条客找到客户的能力不再有那么高的附加值。根据《色情评论》的数据，无论是否与中介挂钩，开展在线广告的高端陪同人员都能赚到差不多的钱。

但是，合法的性工作者每小时1 400美元的收入并不像初看起来那样，是什么意外之财，尤其是当你把成本加起来的时候：50%交给妓院，30%~40%交税，更不用说生意中要用的服装、医疗费和工具费等固定费用了。她们拿到手的时薪与非法妓女的收入相近，甚至更低。这还没有包括旅行和搬迁到内华达州的费用，或者处理妓院内部政治和体制需要耗费的精力。从经济角度来看，离开妓院似乎才是更好的选择。

当我问她们是否考虑过离开妓院自己单干时，一些人提到自己有时会受到诱惑，说没这么想过的人都是在撒谎。但每个妓女都说不会这么做，而且给出的理由相同，用斯塔尔的话来说就是："那太危险了。我知道在这里很安全。"

在妓院工作的女性不必担心客户是不是杀人狂魔或是卧底警察。我和几个非法卖淫的人谈过，所有人都有过糟糕的经历。

妓院雇用保安人员，每个房间都有紧急按钮。她们告诉我，一些顾客问了太多关于她们个人生活的问题，找出了她们的真实姓名和住址。霍夫的妓院对此采取零容忍政策：这些不友善的客户被禁止进入妓院，而保安会护送她们回家。

合法的妓院提供了这些女性自己无法得到的东西：用收入换取安全。妓院的工作即是金融界所熟知的对冲：放弃部分潜在收益以换取风险的降低。这一类对冲的高昂价格表明，对内华达州的性工作者来说，降低风险非常有价值。某次性交易的价格也可以说明，性工作者需要多收多少钱来承担更多的风险。经济学家的估计是，对于不想用避孕套的客户，墨西哥的性工作者会多收23%。经济学家认为，这23%代表了对额外风险的补偿。

需　求

更令人惊讶的是，去妓院的客户愿意支付三倍于非法性交易的价格。

在非法市场——进口动物、枪支、性交易、被盗的身份证，非法商品的费用是高于还是低于合法的替代品，是由谁（买方还是卖方）有更多的市场支配力来决定的。通常，支配力可以归结为可用性。拿香烟来说，你可以在药店和加油站合法地购买，所以除非你能获得巨大的折扣，否则你不会去黑市购买。你不会承担非法交易的风险（如被逮捕或罚款），除非你决定要省很多钱。但对大多数非法市场来说，情况并非如此，卖家加价是因为其在兜售的东西要么难以找到（进口动物或古怪的货币），要么在主流市场中受限（枪支、性交易或毒品）。

我认为合法的性交易与更加隐蔽的非法市场的情景相似。它很难购买，只能在内华达州偏远的角落获得，大多数美国人需要数小时的飞行和驾驶才能到那里。相比之下，非法性行为相对容易获得，几乎每个城市都有在线交易。仅从方便性出发，你可能会认为非法性交易人员可以收取更多费用。但非法性行为是一种冒险的购买行为，而客户愿意为降低风险而多付钱。

另一个关于风险如何推动需求的绝佳的例子是，最受欢迎也是最贵的服务：女友体验，或用妓院的行话来说是 GFE（Girlfriend Experience）。它能够提供典型恋爱关系带来的愉悦：亲吻、拥抱、聊天、去吃饭或看电影。非法市场也提供 GFE 服务，相比常规性服务，也会对此收取溢价。

男人为这项服务付出更多，因为它提供了终极的无风险交往：有着亲密的幻觉，但没有被拒绝的风险，更不用做出承诺。这解释了为什么妓院中收入最高的人不是 19 岁的姑娘——她们会出现在色情杂志上——而是像斯塔尔这样的中年女性，她们能提供舒适感和亲密感。在培养客户、满足他们的需求、让他们感受到安全和舒适等方面，年龄较大的性工作者的人际交往能力更强，也就更具优势。"大部分人只是孤独，"其中一位女士说，"不少人甚至不想做爱。"

月光兔女郎农场的主顾知道，买春甚至正常约会所具有的常规风险在这里是不存在的。妓院试图在每个可能的步骤中将风险排除在外。如果客户用他的信用卡付账，费用会以一个听起来完全无害的名头出现在他的账单里。买方重视合法性交易的安全性，因此愿意远程而来并支付大笔费用；这反过来给了合法妓院强大的市场支配力以及为它们的服务大大加价的能力。

霍夫向我描述了他打算提供的客户体验："你不必担心会被逮捕、被你的太太知道，或者被这里的姑娘勒索；你不必担心得病，因为所有的女士每周都要接受体检。"

与传统的皮条客不同，霍夫并没有为了挣钱而强迫年轻女性陷入危险境地。恰恰相反，他通过让性工作者和客户之间进行安全交易而赚钱。所有人都愿意为这种安全付出代价，这就是霍夫赚钱的原因。

金融：关于风险的科学

上缴 50% 的收入是性工作者为消除风险而付出的代价，而嫖客则需要支付 300% 的加价。这是太多了，还是太少了？这由你评断。性交易市场是一个极端例子，是我们大多数人永远不会参与的一个市场。加价反映了市场分配给有风险的性行为的价格。不寻常的市场为如何评估、购买和售出风险提供了最清晰的洞见。因为在性交易这样的市场中，没有任何环节可以隐藏，市场中的微妙之处显而易见。这就是为什么我们可以通过研究那些在非常规行业开展的业务学到更多的知识，并将这些知识应用到更典型的经济交易中。

想象一下，我们经常面临这样的选择，为降低风险而付出一定的代价。我们可以为新设备购买延保；我们可以选择航班上不同的票价等级，增加获得头顶行李舱空间的概率；或者我们可以选择贷款是固定利率还是浮动利率。我们要么放弃一些利益去降低风险，要么进行赌博以便我们可以花得更少、得到更多。在妓院中，风险的价格是核心：性工作者和顾客都知道他们付出代价是为了什么。在日常的交易中，风险的代价可能隐藏在细节中或与其他服务捆绑在一起。

　　金融科学旨在分离出价格中由风险驱动的那一部分。一旦这个价格清楚了，确定我们面临的风险，并找出最佳方式去接受并降低风险就会容易得多。本书的每一章将通过金融经济学的视角，对不同市场加以探索，帮助你深入了解如何评估、提高或减少风险。本书将为理解风险在非常规也完全不相干的市场所扮演的角色提供框架。

　　在大多数经济领域，价值都源于稀缺性。但在金融经济学中，它的运作方式完全不同。金融经济学假设风险也是价值的关键组成部分。风险更低的商品往往成本更高。这条关键信息会彻底改变你评估日常决策的方式，帮助你做出更好、更明智的抉择。

　　让我们来看看这个原则在航空公司的机票定价中如何发挥作用。你可能没有意识到这一点：如果你购买了最便宜的机票，而航空公司超售了本次航班，那么你就会位列拒载名单的最前列。你要看看细则。购买便宜的机票存在使你错过航班的风险，而购买更昂贵的机票则可以降低这一风险。

　　做出一个优秀的风险决策，需要更清楚地认知风险，以及找出你为这样的冒险需要付出什么。在运作不佳的市场中，我们没法做出这种区分。例如，像在地下交易市场的犯罪企业中，价格就是不透明的（想想互联网出现之前的非法性交易），所以风险不能基于价格进行量化。价格不透明是传统的性交易行业中风险分配有缺陷的原因；皮条客赚取了大部分资金，却几乎

第一章
风险：是什么，出现在哪些非常规之处

没有风险。犯罪是一个极端例子，但当价格不明确时，我们经常地会多付钱或承担我们意料之外的更多的风险。记住，机票越便宜，为获得那个折扣而被拒载的概率就越高。

有些市场以不合理的方式对风险给予回报，这通常是因为有事情干扰了它的正常运作。例如，信息稀缺而难以评估风险，或某些因素限制了买方或卖方之间的风险竞争。在后面的章节中，我将解释，好莱坞制作的那些烂片的背后（第四章）、赛马越来越慢的背后（第八章）都有一个不健全的市场。

一旦我们能够隔离交易中的风险并确定它的价值，就可以做出更好的决定。金融人员用很多技术工具来识别、定价和销售风险，但其背后的基本理念是简单易懂的，并适用于任何市场或问题。一旦你掌握这些工具，当你在选择餐馆、健康保险计划或者延保时，你就再也不会犹豫不决了。

风险的规则

政策制定者、记者和学者经常抱怨人们无法理解风险。事实上，我们倾向于采取的行动，会让我们面临的风险发生扭曲。正因为如此，有时我们做出的选择并不符合我们的最佳利益。但这并不意味着我们不能理解风险并制定高明的策略去管理风险。你可能已经有了制胜之道，比如准时到达机场的万全之策，或挑选一个你的家人都会喜欢的新餐厅的诀窍。大多数人都会

在他们生活的某个方面做出明智而复杂的风险决策，却不会在另一个方面采用相同的思路——比如退休计划。我们都有潜力成为伟大的风险策略师，但我们中的大多数人都没有学过如何在决策中进行风险分析。

一旦你了解金融经济学背后的一些关键原则，你就会更加清楚是什么让你更容易做出一个风险决策而不是另一个，从而将最佳风险策略应用到生活的各个方面。

本书将为你详细剖析5条规则，以便你能够在生活中更好地评估和采纳风险。每一条规则都描述了金融经济学中不同的风险概念，通过对人和地点的描述来测试它的极限，然后向你展示在日常生活中如何应用这些概念。

1.没有风险就没有回报

风险性损失是我们为获得更多而付出的代价。但是有些方法可以最大化你的成功机会。本书将解释金融经济学中不同的复杂策略，但增加让冒险得到回报的概率的最有效方法其实相当简单：定义风险和回报对你意味着什么。人们承担风险时犯的最大错误是，没有一个明确的目标。这听起来很简单，但我们经常在没有考虑清楚想要什么的前提下就去冒很大的风险，只是考虑我们需要改变，要让一切变得不同。但若是没有定义明确的回报目标就去冒险，很少会有好结果。知道我们想要什么可能很难，但我会告诉你一个识别和定义回报的策略，然后判断在任何风险决策中要冒多大的风险。这似乎反直觉,但定义风险回报的最佳方式是从一开始就确定风险的对立面——什么才是无风险的。

然后,我们将探讨如何评估风险。人们常常会基于过去发生的事情来评估风险。但过去告诉我们未来的事情了吗?如果有,那么哪些历史是最有相关性的?即使历史是一个有用的指南,哪些过去的事件最有可能再次发生?我将解释我们如何让历史变得有意义,并判断我们今天要承担的风险。

最后,我们将讨论我们所面临的各种风险,以及如何找到一次性风险(它们通常较容易管理)和系统性事件(处理起来就更困难一些)之间的区别。

2. 赌注很高时,如何保持理性

在面临风险决策时,我们的行为方式并不总是和经济与金融模型所预测的一样。我们厌恶亏损,有时这会导致我们承担比我们应该承担或者应该意识到的风险更大的风险。增强风险意识是关键,我会告诉你当赌注很高的时候,如何保持理性。

我们看待风险的时候,通常不是基于客观概率,而是取决于风险呈现在我们面前的方式。有时,我们在没有确定性的时候很笃定,认为某些不可能发生的事情很有可能会发生。无论风险呈现的方式如何,我会帮助你改变对风险的看法并帮助你掌控一切。

3. 为风险投资谋求最大回报

通常来说，潜在的回报越高，你需要承担的风险就越大。但更高的风险并不总是意味着更多的回报。有时我们面对两种选择，它们获得预期回报的可能性相同，但其中一个比另一个风险更大。承担超出必要的风险是低效的。你将学习如何通过实现多样化以减少不必要的风险，并保持你获得更多回报的潜力。

4. 成为你领域的主人

接下来我们将深入探讨风险管理，或者说如何增加获得更多回报的概率并降低获得较少回报的概率。在消除了不必要的风险之后，你仍然可以进一步减少剩余的风险。

最小化风险的一个策略是对冲。对冲通过平衡操作来规避损失，试图在风险和安全之间找到平衡，就像妓院里的女子做的那样。或者说，对冲像是在同一时间下两次注，赢不了一个赌注的时候，可以赢另一个。其结果是你放弃了一些可能的收益并降低了损失的可能性。

另一种降低风险的方法是保险，你支付费用给别人，让他承担下跌风险。与对冲不同的是，支付保费后，你留下了所有潜在的收益。

风险管理降低了最坏情况发生的可能性，但也衍生了一个新的缺点。任何降低风险的工具也可能在使用时增加风险，安全网可以在你跌倒时接住你,也可能让你弹得更高。对冲和保险也是如此,但不仅仅如此。降低风险会使你有胆量使用额外的杠杆来冒更大的风险。

5. 不确定性无处不在

即使是最好的风险评估也无法考虑到所有可能发生的情况。风险对我们认为可能发生的一切做出估计,但也有我们从未想象过的事情会发生——这就是风险(可估计的)与不确定性(难以预料的)之间的差异。你没料到的事情总是会发生,但你可以为意外做好准备。我们将重新审视如何保护自己免受不确定性的影响。

世界越来越有风险,但你可以控制它

从风险角度来看,我们生活的当下才是最好的时光。在人类历史的大部分时间里,我们经常遇到真正的灾难,如饥荒和瘟疫。如今我们大多数人不用斟酌思考就能轻松做出一个决定,比如去看住在另一个城市的朋友。但在过去,进行这样的旅行就可能会有使你自己和家人罹患一种可怕而致命的疾病的风险。而如今,如果你生活在一个富裕稳定的国家,这种风险基本不可能出现。

但是,现代的我们面临着更大的风险,这些风险威胁着我们的生活方式。经济正在经历一次重大转型，没有谁的工作像以前那样安全、稳定。一直以来，我们的雇主在负担我们面临的大部分风险，给我们提供养老金以承担退休风险。他们为我们提供稳定的工作、稳定的薪水和规律的、可预见的工作时间，并使我们免受失业风险。这些福利在 21 世纪越来越少见。

  对我们有帮助的是，我们比以前拥有更多的工具和算法来评估并降低风险。更多的数据提供了更准确评估风险的可能，技术帮助我们在几秒内分析数据并能快速做出决策。通常，我们可以通过手机执行此类操作：Waze（免费交通导航类应用）最小化了交通堵塞的风险，网飞增加了看到一部你喜欢的电影的概率，旅游网站可以预测航班价格会上涨还是会下跌。数据和技术可能提高了我们面临的经济风险，但它们也为大众提供了原本深奥难懂、无法获取的风险估计。

  正如我们从金融业大萧条中看到的那样，如果不知道该如何正确使用金融经济学的工具，那么这些工具可能毫无用处，有时甚至是有害的。我们面临的风险无论大小，都是如此。谷歌地图可能会给出估计，今天上班要用 15 分钟。但你太清楚了，这只是一个粗略的估计。谷歌如果告诉你上班要用 10～20 分钟，而这取决于交通状况，这就更加精确了。这增加或减少的 5 分钟就是一个风险估计。[①] 如果你不考虑这些额外的时间，你可能会迟到。

---

① 谷歌有这个数据但没有向公众开放。

第一章
风险：是什么，出现在哪些非常规之处

如果使用得当，从金融经济学中获得的工具可以帮助我们了解未来可能发生的利弊权衡和潜在的危害。这些工具可以帮我们做出更好的选择并降低风险。当我们在生活中面临决策时，财务模型提供了"地图"。就像你用地图来规划旅行，你会得到一条可以到达目的地的路线，以及该路线与其他地方的相对位置。这张地图会增加你到达目的地的概率，并让你更愿意开车上路，出发旅行。

但使用地图并不能确保旅行安全。地图可能不会包括你在开车时因发短信而可能会撞上的树。它也不包括即使你安全驾驶，也可能不小心撞到你的卡车。

但这并不意味着你应该扔掉地图。它仍然会增加旅程成功的概率，特别是如果你得到指导并学会如何阅读地图。在接下来的章节中，我将分享来自不同领域的风险承担者的故事，他们是性工作者和士兵，是冲浪者和马匹育种员。他们都有一个共同点：风险。这些人都没有在华尔街工作过，但他们使用的风险管理策略和金融家使用的相同。他们的故事表明，金融经济学可以帮助我们在现代经济的汪洋大海中航行。

规则 1
没有风险就没有回报

虽说在通常情况下，人们听到"没有风险就没有回报"时会联想到拉斯维加斯的豪赌，不过我们在讨论这条规则时要离开内华达州。这个强大但往往被误解的陈述正是大多数人犯错的原因。他们专注于风险本身，在做出决定时只考虑面临的风险。但说真的，最重要的是回报啊！如果你在寻求真正想要的回报，冒险行动就更有可能成功。这听起来似乎显而易见，但通常我们选择冒险只是想要做出一些改变。如果我们这么做，那么无论发生什么，我们通常都会失败。

这条规则教会你在切入"风险"快车道之前，要想清楚你要去哪里。第二章将解释，为何找到你正在寻找的、定义明确的回报会增加冒险成功的概率。通常我们需要根据风险不是什么——或者说什么是无风险的——来定义回报。"无风险"是金融中最强大的概念之一。第三章将解释如何使用无风险作为基础来进行财务决策。

第四章将研究如何衡量风险，以及如何知道你最应该担心的是哪些风险。然后，在第五章中，我们将研究我们面临的不同类型的风险。有些风险相对另一些风险更容易处理，知道这个差异对我们而言将大有裨益。

第二章

回报：明确你想要什么才能得到什么

如果你不知道要去哪里，就可能会去到别的地方。

——尤吉·贝拉

没有目标就去冒险就像启动车辆，然后漫无目的地东奔西走，期望能找到一个不错的去处。你可能会到达一个美妙的地方，但更可能的是，你最终跑到了你不想去的地方。

我们都经历过这样的日子：想要辞掉工作、抛弃我们现有的人际关系，然后重新开始。我们大多数人都认识一些这么做的人，而通常情况下，他们的选择没有得到回报。他们仍然面临着和以前同样的工作问题和人际问题。要找到更好的工作，我们首先需要明确在职业生涯中要追求什么；要建立更好的人际关系，我们首先需要清楚想要怎样的伴侣。

显然，如果你想好了一个目的地，你就更有可能到达那里。然而，我们经常会冒险，却不清楚我们如此冒险又是为了什么。

为了冒险而去冒险甚至可以成为一种可行的政治策略。传统政治家的不作为和暗斗让我们心灰意冷，那些承诺"改变"

或者会"推倒重来"的候选人就会走上舞台。因为现状并不太好,这一令人振奋的承诺吸引了我们。"改变"可以成为一条制胜的信息,哪怕我们不知道他们的政策是什么或者究竟会改变什么。我们通常会失望——这不足为奇,因为不知道回报是什么,只是为了冒险而冒险的风险策略是非常糟糕的。它只会产生不确定性,却没法保证有具体的回报。

明确你想要什么听起来很简单,但这可能是风险管理中最难的一部分。人们花费数千美元聘请治疗师或生活教练,试图明确自己想要怎样的生活。虽然金融经济学不能替代良好的治疗,但它提供了一种能帮助你定义目标的方法,可以提升你取得更大成功的概率——这才是最重要的。如下的三个步骤可以提供明确的信息,并帮助你评估为了达成目标你可能要承担怎样的风险。

1. 你的最终目标是什么?如果你实现了它,会是什么样子?
2. 如何在没有风险或风险尽可能小的情况下实现目标?换句话说,什么可以保证你会完成目标?
3. 这种无风险的选择是否可能或可取?如果不是,你需要冒多大的风险才能得到你想要的?

这三个步骤给你介绍的是金融经济学家日常使用的概念:无风险。无风险的选择能以完全的确定性提供你想要的东西。

第二章
回报：明确你想要什么才能得到什么

如果你要决定今晚做什么，而目标是有一个愉快的夜晚，那么无风险的做法是留在家里，坐在沙发上看网飞的电视剧，因为你知道这么做可以实现目标。出门是有风险的，任何事情都可能发生：你可能会遇到一生的最爱，但也可能发生车祸。

对每个人来说，无风险都是不同的。这就是为什么有必要搞清楚无风险对你意味着什么，因为这可以明确方向并帮助你评估风险。简单地阐明你想要的东西并将其设定为目标，这就是一个极为强大的工具。我们经常崇拜敢于冒险的人，但谁能成功和谁会失败之间的差别不在于谁敢冒最大的风险，而在于谁能聪明地承担风险，或者说有了明确的目标后再冒险。以卡特·科尔为例，白手起家的她在 30 岁左右就领导了一家市值几十亿美元的公司。看起来，她似乎冒着一个接一个的巨大风险才取得如此成就，但她冒的风险大部分都得到了回报，因为科尔总是知道她到底想要什么，也知道什么才是值得冒的风险。

迷你卷

科尔看上去像是一个生来幸运的人。作为逢客食集团（Focus Brands）的首席运营官，她运作的著名品牌有 Cinnabon（食品品牌）和安缇安蝴蝶饼。举止优雅、谈吐得体的她只要不在全球旅行，就会把她的时间分配在她位于亚特兰大的家和位于纽约的公司。大多数人都不会猜到科尔是从何处起步，又是克服了怎样的挑战才获得这样的成功的。

科尔出名是因为她把 Cinnabon 的标志性产品，也就是含糖量高的黄油肉桂卷的尺寸改小了。最早的、深受喜爱的肉桂卷有人的脸那么大，味道绝美——但有 880 卡路里的热量。2010 年科尔入职时，她 32 岁，Cinnabon 肉桂卷已经连续六年净销售额下降。由于经济衰退，人们不再进入商场和机场，消费者声称他们想要更健康的选择。Cinnabon 肉桂卷需要改变，于是启动了"599 项目"。

"599 项目"旨在减少传统肉桂卷所含的卡路里，做出低于 600 卡路里的产品。研究表明，提供低热量替代品可以增加销售额，但削减卡路里需要在制作肉桂卷时添加人造甜味剂和稳定剂。科尔此时担任 Cinnabon 总裁刚刚一年，她否定了这一动议。这种新产品的味道并不好。相反，她保留了原始配方，并要求所有特许经营业主提供 350 卡路里的迷你卷。迷你卷是比原始肉桂卷尺寸更小的版本，只有人的拳头那么大。迷你卷早就有售，但只有不到 15% 的肉桂卷商店上架这种产品。

特许经营业主对此持怀疑态度。Cinnabon 肉桂卷因其巨大的尺寸而闻名，如果出售较小的版本，商店将不得不以较低的价格进行销售：定价 2.50 美元而不是 3.60 美元。如果现有客户中选择迷你卷而不是原始版的肉桂卷的人数足够多，就意味着利润可能会更少。此外，制作迷你卷还需要投资新的烘焙设备。但科尔认为迷你卷会增加销量，因为它会吸引新的、不想要像脸那么大的肉桂卷的顾客。她说服了特许经营业主去冒险,在销量上下注。她的冒险得到了回报:原始肉桂卷的销售额几乎没有下降,而整体销售额增长了6%,这在很大程度上归功于迷你卷。Cinnabon茁壮成长,而类似的快餐公司却陷入困境或倒闭。

科尔有一个明确的目标:增加销售额。Cinnabon 的所有人都同意存在这个问题:高热量的肉桂卷在一个更注重健康的市场中销售额不好。科尔一开始问的问题是,为什么 Cinnabon 肉桂卷想要降低卡路里?管理团队告诉她:"这些研究表明,有了较低热量的替代品后,销售额会上升。"但是"这些产品是高频消费小吃,如薯片。没有人每天都吃肉桂卷"。科尔解释说:"这不是我们的模式。我们的经销商在人们不会每天都去的场所开店,如商场或机场。我们的产品专为偶尔来一次小放纵、小满足的顾客而设计。问题在于,能保持 599 卡路里、用人造甜味剂生产的肉桂卷不可能像原来那样美味。"

低卡路里的方案——而不是高销售额的方案——不知怎的成为目标。科尔对"599 项目"的工作人员问的问题是:"599 卡路里的肉桂卷味道不好,谁都不买,你们还会不会买?"这样她就将问题的重点放到了出发点。

科尔说,当人们需要改变时,他们往往会"为了冒险而冒险"。这么做很少会有好的结果。

在 Cinnabon 衰退的时候加倍下注,对科尔来说似乎是一个大胆的行动,因为她比与她共事的几乎所有人都年轻得多。她是公司的新手，也是快餐业的新手。与此同时，其他快餐业仍在试图找出低卡路里、"健康"的菜单选项。在这种情况下，选择坚持富含卡路里的高热量产品似乎是冒了很大的风险。科尔是在用她的事业下注。

在科尔的决策过程中，我们可以看到无风险概念的应用。首先，她确定了目标——在不断变化的市场中增加销售额。请注意她如何回避了阻碍其竞争对手的做法，也就是创造一个健康的备选项。什么都不做似乎没有风险，但不会实现她的目标，因为销售额会继续下降。

然后科尔找到了可以提高销量的风险最低的选择。她的同事认为低热量糕点是答案，因为业内所有人都在提供自家产品的低热量版本。但科尔认为这种做法的风险更大，因为新产品不能保证增加销量，而且存在损害品牌的风险——这个品牌的标志就是品质和"小放纵"。

因此，如果新产品不是解决方案，那么"唯一能降低卡路里的方法就是做小一些，或者用不同的配方"，科尔解释道。较小的肉桂卷早已上市，有些特许经营店卖了差不多 10 年了。使用现有产品的缩小版而不是改变为人所喜爱的产品的配方，这么做的实际风险比看起来要小，特别是一些特许经营店的数据表明，较小的肉桂卷卖得不错，而且不会损害公司的声誉。根据这些数据，如果目标是增加销售额，那么增加较小的肉桂卷才是风险最小的方案，事实上也是如此。几年之内，Cinnabon

的销售收入就翻了一番，成为一个10亿美元的品牌。

科尔在她生活的早期做出过非常规的选择，并由此学会了管理风险。因为她的父亲酗酒，所以她的童年生活一团糟。她的父亲有着不错的白领工作，过着体面的生活，但很不寻常的是，家庭成员大都住在拖车和棚屋里。科尔的母亲因为没有办法在这样的关系中坚持下去，做出了艰难的决定。她的母亲选择离婚，并带走了孩子们。她的母亲从事过很多工作，以维持一家4口每周10美元的紧张的食物预算，并依靠年轻的科尔帮忙——科尔是长女，当时才9岁。为了操持这个家庭，科尔担负起一系列重担。在这个过程中，她认识到冒险往往意味着努力工作，去让一切成为现实。"那时，我不可能知道这是极有价值的商业经验。我的信念是，做出非常规和非传统的选择并使之有可能成功。"

科尔选择了一条稳定的职业道路，她在北佛罗里达大学主修工程学，立志成为一名律师。为了补贴她的学费，她在猫头鹰餐厅的一家特许经营店里当女服务员。猫头鹰餐厅之所以出名，是因为店里有穿着紧身衬衫和橙色热裤的女服务员。

科尔是个很棒的女服务员。如果调酒师因为儿子病了而无法工作，科尔就去负责吧台。如果厨房工作人员因为厨师不加班而离开，科尔就去炸鸡翅。当猫头鹰餐厅向这家特许经营店的经理询问谁是本店的最佳员工时，经理提名了科尔。猫头鹰餐厅需要有人去澳大利亚并为新开的特许经营店培训员工，于是他们问科尔愿不愿意去。"我说我愿意去澳大利亚。虽然我还没有护照,没坐过飞机,也从未离开过这个国家,但我还是说愿意。然后我开始努力工作。"

科尔出色地完成了这一任务并成长起来。不久,猫头鹰餐厅就让她在全球旅行,以设立新的特许经营店。但她的学业受到了影响,无法完成课程。她不得不做出选择:辍学,放弃她成为律师的梦想;或者不再旅行各地为猫头鹰餐厅做培训工作。

比尔·盖茨和马克·扎克伯格都曾辍学,还成了亿万富翁。但科尔并不是从哈佛大学辍学,也没有有影响力的朋友,更没有一个富裕的家庭让她依靠。她也不是去硅谷,只有在硅谷才会有人认为从大学辍学是获得了荣誉徽章。在她的世界,大学是获得成功和稳定工作的最可靠途径,而她将为了在猫头鹰餐厅的一份兼职工作而放弃大学。这听上去就像是一个危险的决定,但科尔的目标是有一天找到一份好工作,获得她自小就缺失的安全感和稳定性。起初,她认为这意味着从事法律相关的工作,但后来她意识到当一名律师不是最终的目标——这只是实现目标的一种方式。而现在有人给她提供了一条通往她终极目标的道路——哪怕这不是大多数人完成目标的道路,她应该把握机会。于是,她退学了。不是所有人都能这么清楚地看懂这一点,对我们大多数人来说,这似乎是一个冒险的选择。

科尔能够看清辍学是正确的决定,是因为她感觉这么做是对的,而且最终证明对实现她的目标而言这才是低风险的选择。"做出那个决定不是太难，它也不是我认为有风险的决定，因为我强烈地感到要改变。"她回忆道，"我不是坐在那里思考……嗯……我不确定大学是否适合我……我要做点别的。我在世界各地旅行，并且很擅长这么做……我在做我喜欢的东西，我有机会继续做下去，但没有人保证能一直如此。我没有合同。我是一名小时工。没人让我坐下来，对我说这是你的职业道路，你可以倚仗这个。但我那么做完全是正确的。"

科尔工作了很长时间，她每年赚 45 000 美元。最终，猫头鹰餐厅总部为她提供了一份年薪 22 000 美元的工作，她接受了，因为这是她得以攀升到公司管理层的机会。科尔的级别不断提升，在 26 岁的时候当上了执行副总裁。虽然她是一名大学辍学生，但是那些通常只聘用常春藤盟校毕业生的公司如今试着招募她担任私募基金和管理领域的要职。她坚持留在了猫头鹰餐厅，"尽管每次我递名片给别人的时候，总有点尴尬"。

即使没有本科学位，科尔最终却获得了工商管理硕士学位。2010 年的时候，她已经是餐饮业的明星，然后她得到了一个职位，这个职位让她有机会去运营 Cinnabon。这个机会太好了，她无法拒绝。

科尔早期做出的选择在别人看来可能有很大的风险，但她将自己的成功归因于以聪明的方式承担风险。她的成功可以归结为善于识别她的目标并以风险最小的方式完成。在辍学或取消"599 项目"的时候，她没有犹豫。对我们大多数人来说，路径并不总是那么清楚。

了解你想要的东西很难,特别是当你知道你需要做出改变的时候。在金融经济学中,第一步是确定目标并以无风险的前提做出估价。有一种投资标的称为无风险资产,它为投资者提供其他资产无法提供的东西:可预见性。在金融领域,无风险的承诺是,不管发生什么,都可以得到一定的回报。如果市场崩溃,你知道你会得到回报;如果市场上涨,你只会得到最初承诺给你的回报。这种无风险资产的定价是最重要的信息,不管面对什么投资问题或者要做出什么决策,你都需要掌握。

无风险的代价

让我们设想你家里明年夏天的度假要花 3 000 美元。如果你在不久的将来需要 3 000 美元,你应该将你的度假预算投资在安全的地方,你不想在投资市场上输掉哪怕一分钱。这样的投资可能是简单的储蓄账户或短期国债,这两者都在某一段时间内提供固定的利息。如果在夏天到来的时候需要大约 3 000 美元,而一年期的利率是 1%,那么你需要投资 2 970 美元。

在这种情况下,其他所有的投资方式都更具风险——长期债券、股票、黄金、比特币等,这些都提供了更高的预期回报,并有机会让你的 2 970 美元在 6 个月内变成 6 000 美元。但也有可能市场会崩盘,你只剩下 500 美元的家庭度假预算了。

如果你的目标是明年有 3 000 美元用于度假，那么你的无风险选择就是支付 1% 利息的储蓄账户。在投资之前搞清楚这一点有两个重要的作用。

第一，它可以帮助你衡量你需要承担多少风险来实现你的目标。假设有人为你提供有保障的投资，可以让你的钱在一年之内翻倍（事实上，你应该远离这种人并警告你所有的朋友和家人不要听这个人的——但是出于讨论的目的，让我们假设这个提议是合法的）。如果这笔投资真的存在，就没有必要冒险在股票市场上亏钱，而且你只需要为家庭度假存 1 500 美元。为了确保得到你要的东西，无风险增加了成本。如果你只有 1 500 美元，你就没法承担无风险带来的代价，那么你可以选择承担更多风险或过一个较便宜的假期。

第二，也是更重要的一点是，定义无风险的过程可以帮助你明确目标。对无风险对你意味着什么做出定义，迫使你思考你想要什么，以及得到之后会发生什么。1% 的回报就是你在一年内所得到的。如果你今天有 2 000 美元，那么明年今日将得到 2 020 美元；如果你有 2 970 美元，那么这笔钱足够度假了。

但要发现无风险的选择很难，因为没有唯一的普遍的无风险资产，这取决于你的目标。对我们大多数人来说，辍学有风险。但对科尔来说，相比花几年时间读书和成为公司律师，退学反而风险较低，因为她有一个特定的目标——做公司管理者，而有人在她 19 岁的时候给她提供了实现目标的道路。明确你的目标并为其设定无风险的代价,是进行良性冒险的第一步。

无风险因人而异,因为它取决于你的目标,即便在金融方面也是如此。

对我是无风险,对你则不是

假定你在20年后退休的时候,想带着你的伴侣去度一个一辈子难忘的假期。你估计将花费3万美元。

20年内有3万美元,还要无风险,这就更复杂了。你需要确保你不会在市场上损失金钱,而且你的储蓄可以跟上通货膨胀。如果通货膨胀平均每年2%,^①那么今天的3万美元在你进行旅行的时候将只有2万美元左右。你用来为家庭度假存钱的银行账户对为期20年的投资来说不再是无风险了,因为它支付的利息可能跟不上通货膨胀。为了退休旅行,无风险的金融资产是20年期债券,它可以保证你的投资回报与通货膨胀保持同步。

以无风险条件定义目标可以帮助我们在任何有关生活的决定中明确目标。我们都有这样的朋友,他们非常想结婚,认为实现这一目标的无风险方法是和第一个非常爱他们的人结婚,即便他们对对方没有这样的感觉。事实上,他们因为假定对方永远不会离开自己而觉得安全多了,也觉得永远不会受伤。但

---

① 通货膨胀率也有风险,它可能高于或者低于2%。

他们的婚姻往往缺乏强大的相互依存关系，并不足以抵御生活的挑战，最终还是会以离婚收场。如果他们的目标只是"结婚"，那么与第一个爱他们的人结婚是一个无风险的选择。但如果他们的目标是"保持婚姻"，那么安顿下来是高风险的选择。

考虑另一个人生决定：假设你在火热的房地产市场里找到了梦寐以求的房屋。如果你的目标是买下那个特定的房子，无风险的选择是开出一个高价——可能比要价高——而且是你准备为之付出的价格（假定你不会开出你无法承受的价格），从而保证能得到它。这将消除即使你开出更高的价格，也可能被别人以更高价中标的风险。如果这是你唯一钟爱的房子，而且你计划余生都住在这里，多付一些就是你为了确保不在竞价中输掉而付出的代价。

但是，如果你想好好讨价还价，在这笔投资上赚一笔钱，或者你计划在可预见的将来将房子卖出，那么你的目标是不同的，你的无风险策略也会不同。如果目标是尽可能少地花钱而不是买下那幢理想的房子，那么你应该以低于你认为房子所值的价格竞标，并坦然接受可能输掉竞价的风险。否则，你就可能会开出过高的价格，并在将来卖房子时亏钱。

人们常常把这两个目标搞混。他们要么给自己确实想要的房子开价不够高；要么陷入市场的狂热之中，花了太多的钱买下一栋打算在5年内出售的房子。

假定你在考虑找新的工作。你对现在的工作也很满意；你的老板能理解你，让你在需要回家时可以早下班；你掌握了你的职位要求的技能。如果你的目标是继续开拓你的职业生涯或拿到更高的薪水，那么留在你现在的职位上不会让你如愿，甚至比换个工作风险更大。换工作迫使你扩大社交网络并学习新的技能，所有这些都可以拓展你的职业道路、提高你的收入，并让你在未来能有更多的就业机会。但如果你的目标是工作与生活的平衡，离开就会风险更大，因为你的新老板可能无法容忍你生活中的其他要求。掌握新技能和办公室政治需要投入更多时间。风险选择取决于你的目标。

我们必须经常在互相冲突的目标间进行平衡——我们喜欢的房子和用好价钱买下来；一个稳定的职业生涯，提供了工作与生活的平衡和更进一步的机会。但首先要考虑清楚的是你要什么，然后用无风险的条件将它描述出来。这样能帮助你进一步完善目标，并意识到你愿意承担多大的风险。

任何人都可以冒险，但带着明确的目标去冒险，需要坚定和专注。这就需要明确地知道你想要什么，可惜很少有人这么做。科尔最喜欢的警句之一是，专注于那些"小到可以被改变，又大到很重要"的事情。换句话说，走一条能实现目标而风险最小的路径。

找出我们想要的东西并将其置于无风险的条件下，应该是评估任何风险问题的第一步。但有时，也许在大多数情况下，我们确定了低风险的选择，但它不是我们想要的或者我们负担得起的。以梦寐以求的房子为例：如果你无法承担过高的价格，那么你必须承担输掉竞价的风险。下一章我们将探讨风险决策的第二步，也就是判断在什么时候可以冒更大的风险。

第三章

冒险：何时应该拒绝安全、争取更多

生命中的危险是无限的，而有一种就是安全。

——歌德

学会如何定义你的目标，并以无风险的条件给它标价，是所有优秀风险策略的基础。但如果我们不想选择无风险方案，又将会怎样？也许代价太昂贵了，也许我们渴望更大的风险从而有可能得到更多的回报。我们往往认为冒险是一个二元的抉择：要么冒险，要么不冒险。但"聪明地冒险"涉及的是追求更多，只冒有必要冒的风险并达成目标。对风险的量级加以标定是第二步，但如果我们没有首先定义好目标而且以无风险的条件给它标价，我们就只能做好失败的准备。

我犯过这样的错误，并为此痛苦不堪。大多数研究退休经济的学者是谨小慎微、规避风险的政府工作人员或教授，他们从来不在妓院里进行研究。我不打算在这条道路上结束自己的职业生涯。我去妓院是因为我在职业生涯早期进行过一次大冒险，而当时我没有清晰的目标，也不理解无风险对我意味着什么。

对　冲

经济学家也会算错无风险

2006年初，我正在波士顿的科普利广场上急速穿行，穿着硬邦邦的西装和雪地靴，在塑料袋里装着一双高跟鞋。我看到一个指示牌，下面标了一个箭头并写着："巴尼百货（一家高端百货公司）面试由此进入。"

我一时兴起，顺着箭头进入一个房间。一位衣着得体的女士正坐在桌子边。"是这样的，我本来是去面试经济学教授职位的，"我用压低了的声音说道，"不过我不觉得我能得到那个职位。我是不是可以参加面试来为巴尼工作？"

她茫然地看着我，然后另一位穿着得体的女士——她才是等待被面试的人——愤愤地说道："你可不能从街上冲进来要求面试。我可是几个星期前就提交了简历的。"

我垂头丧气地走了，去进行我预定的面试。我也没得到那份工作。

攻读经济学博士学位是我所冒的最大风险之一，也是我第一次冒险失败。波士顿经历后的几个月，经过了6年的艰苦努力后，我已经可以毕业了。但我没有找到工作，也没有任何计划。

一个年轻、健康的常春藤名校毕业生却没有一份工作，这确实很糟，生活中还有更糟糕的事情。在我的专业领域，有学位但没工作是件大事。经过多年的研究生学习，我失去了所有的洞察力。我学会了依赖经济学解释一切，相信经济和生活都在我的控制之中。我喜欢强加给这个混乱世界有序的经济模型。那些模型假设——如果你做了 X、Y 就会发生：如果你减税，经济就会增长；如果你降低利率，失业率就会下降——成了我的信条。如果我努力，我就会找到工作。但当我没有找到工作的时候，我的信念被摧毁了。

我在一个充斥着贫困的社区长大，成年后我首先被经济学吸引。对于我正寻找答案的问题，如失业和不平等，经济学提供了答案，所以我在开始研究生学业的时候对这样的主题充满激情。但我完全没有做好准备去获得一个基于数学的经济学博士学位。大多数人想都不敢想的是，在没有在大学学过数学专业的前提下就去读一个专攻数字的博士学位，但是我还是一头冲了进去。

第一年的我处于挣扎之中，我几乎彻夜不眠地学习数学课本，只是为了完成作业；还是差点就不及格。挑战激励我下了双倍的赌注：我下定决心，不仅要拿到学位，还要成为最优秀的毕业生。我选择了我能想到的最安全、最有应用价值的主题：退休经济学。

大多数 23 岁的年轻人可能会选择一个更时尚的话题，但我被退休的概念迷住了。对我来说这是经济问题中最纯粹也是最美妙的那一个：什么是将资源转移到未来的最佳方法？你如何决定现在或者将来存多少钱？

这是经济学家或者任何人都必须回答的一个最简单却也最

复杂的问题。我将它提炼成一个优雅的数学问题，准确地描述人们应该在风险受控的环境中存多少钱。大多数经济学论文都不会讨论这么困难的数学问题，但是我一直受到数学最差学生名头的折磨。如果我努力工作并解决了这个棘手的问题，那么我可以确定取得了成功——至少当时我是这么想的。解决一个困难的数学问题成为我的风险策略，尽管我并不完全确定成功对我意味着什么。

我把自己关在图书馆里，我最美好的20多岁的那几年都是孤孤单单的，试图解决那个唯一的数学问题。5年后，我真的解决了它，我希望会发生一些美妙的事情。但没有，一切反而更糟了。我和我的导师关系恶化，一位密友的突然死去让我感情上受到打击。然而，我最大的敌人是我的矛盾心理。

大多数在读博士都渴望在学术界找到一份工作，这是用来衡量成功的标准目标。虽然听起来很疯狂，但这么多年来我从未质疑过这个目标——直到在应聘经济学教授而接受面试的时候，我的脑子里一直有一个声音在高叫着："跑吧！有多远跑多远！"

所以不用感到惊奇，我搞砸了我所有的面试，也因此搞砸了我默认的生活计划。在我读研究生的时候，这样的概念烙印在我的脑中，也就是说：无风险的选择是获得终身教职。没有别的事情更值得做了，一旦你离开学术界，你就永远不可能再回来。所以，远离我在成年时认识的唯一的世界——更不提就业保障——真是跨出了巨大的一步。

作为一个毕业于经济繁荣时期的受挫STEM（科学、技术、工程、数学）毕业生，我做出了一个违背直觉的决定：进入新闻业，尽管当时这个行业也在苦苦挣扎，而我的写作风格——说得好听一点——太学院派。但这一次，我有一个明确的目标：避免数学话题，要有趣，花时间和人相处。对于这些目标，新闻业是无风险选择。2006年，许多出版物刚开始在网上发布在线版本，所以它们对谁给网站写稿其实并不怎么在乎。《经济学人》给了我一个无薪水的职位，我接受了。我不知道前景如何，或者我能承受多长时间不领工资地工作（对一个一直想着为未来进行金融规划的退休经济学专家而言，这可是一个奇怪的选择），但我愿意试一试，希望能成功。

与此同时，一位朋友向金融经济学家、诺贝尔奖得主罗伯特·C.默顿展示了我那篇有关退休的复杂数学问题的论文。不久，他给我提供了一份工作。我们共同制定战略，帮助人们为退休生活开展投资。他成了我之前从未有过的导师，并教我金融。和他一起工作完全改变了我对经济学的看法以及我做生活决定的方式。我能发现自己在计算风险时所犯的错误了。

我在根本不知道从中想要得到什么的情况下，去学习一个十分困难、十分耗时的学位，在没有清晰目标的情况下去冒险。我从未找出无风险对我意味着什么。我认为那是更多的教育，而且越难越好，但情况并非总是如此，特别是那些高端专业的学位。我投资的无风险资产是一份学术工作。

我没有计算出我想冒多大的风险。我期待从我的职业生涯中获取更多,因此愿意承担风险。我其实不想要那个无风险选项——直到我试图冲进巴尼百货进行面试时,我才意识到了这一点。但我疑虑重重,对这个决定没有信心,这也就阻止了我继续前进。

我不后悔读博士,因为它给了我一些难得的机会,包括最终让我获得了我想要的事业。但如果我知道我追逐的无风险目标从一开始就是错误的,那么我可能就会更好地管理我的风险,对我的事业会走非传统路径这种可能也会做好准备。我可能还是会读博士,但一开始就会将非学术的工作考虑在内。我可能采取不同的方法,在政府和学术界之外寻找实习工作。那样,我会知道,我在舒适区之外的领域挑选工作机会时,可以管理多大的风险。我的第一份工作找得很辛苦,就是因为我既不清楚自己想做什么工作,也缺乏信心。我只知道,要么你沿着规定的安全路径前进,要么就是进入未知的黑暗。如果一开始我就不欺骗自己,告诉自己,学术界不适合我,我可能会更好地调整我的风险并节省下自己——还有好多面试者——不少的时间。

一旦追逐错误的目标并为此冒险,就有可能遭遇挫败。那么在怎样的生活挑战中,人们最有可能把无风险弄错?比如我的学术初恋——退休问题。在我开始为默顿工作之前,我已经研究了好多年的退休问题，认为自己对此有了很深刻的洞察和很全面的掌握。但他用我之前从未考虑过的方式为我重新定义了退休问题的框架。他阐明了退休问题中的无风险意味着什么，以及如何由此出发来管理风险。这个策略改变了我看待一切问题的方式。

无风险的退休生活

如果你和理财规划师一起坐下来，而他问你："你的风险承受度如何？"他通常是在问你，损失多少钱是你可以承受的。但这是一个错误的问题。它没有解决你的存款目标：某一天可以退休。如果用无风险术语来表达更好地实现退休目标的问题，那就是："在退休生活中你需要多少收入？你又想要多少收入？"

金融业的出现在很大程度上是为了维持和增加诸如信托基金和大笔捐赠等的价值。当由雇主提供养老金的体系转变成雇员管理退休金储蓄账户后，金融业将这个信托基金投资战略提供给普通人，但是给所有人提供同样的策略可能会让某些家庭走上歧途。

请记住，为了弄清楚无风险是什么，我们需要从树立目标开始。普通人和信托基金投资人并不是在解决相同的问题。信托基金投资人希望建立一个数代持续保有的财富。对我们大多数人来说，目标是在我们年轻的时候存钱，当我们老了的时候花钱。这个问题完全不同于在几代人的时间段中维持和增长财富，因此需要一个完全不同的解决方案。但更糟糕的是，这个解决方案更难制订。你不知道你的钱能撑多久，如果你开销太大，就有在你最脆弱的时候陷入赤贫的风险。

金融业的传统智慧是，积累尽可能多的财富（信托基金战略），然后在你退休后的每一年支出一定的比例（比如说4%）。但每年4%并不是一个固定的金额——你实际收到的金额取决于股票市场发生了什么。这就是战略出错的地方。可预测的薪水——就像你工作时所获得的薪水一样——才应该是退休基金的目标。大多数员工不会接受随着股价波动而变动的薪水，为什么退休人员就应该接受呢？

退休后，你面临的风险比你意识到的更大，因为金融业搞错了无风险的定义。你可能认为无风险的退休意味着投资短期政府债券或现金，因为就像我们在第二章中讨论暑期度假的储蓄账户一样，这样的投资不会亏钱。你退休账户的投资策略很有可能是所谓的目标日期基金。它会从股票中取出资金并投资于短期债券，从而降低你的投资组合随着你年龄增长而面临亏损的风险。因为短期债券价格相当稳定且可预测，余额波动不会太大。这个策略有一定的确定性，可以让你知道在退休的那天，你能储蓄多少钱。

但它并不能让你知道你实际每年可以花费多少。因为你无法预测你将活多久，以及在退休这段时间里市场会对你的储蓄

第三章
冒险：何时应该拒绝安全、争取更多

产生什么影响。但是，我们可以从保险公司买到这样的确定性，方法是购买一份固定年金或者单纯的寿险：你把自己的积蓄交给一家保险公司，在你退休后，只要你和你的伴侣在世，保险公司就会每年支付一笔固定的金额。① 这与无风险退休非常接近，达到的目标是，在有生之年的每一年都有可预见的收入，而不是在退休那天储蓄了一大笔钱，然后自己还要进一步加以管理。

对保有年金这一无风险方案我要提出一个重要的警告：购买年金并不一定没有风险。年金价格基于长期利率。利率越低，你从保险公司得到的收入就越低。假设你一辈子工作的目标很简单：退休的时候银行里有 100 万美元。2000 年，10 年期实际利率为 4.4%，100 万美元可以让你买到经 20 年通货膨胀调整后的年金方案是每年有 75 000 美元。2017 年，10 年期实际利率只有 0.43%，100 万美元只能为你买到每年 52 000 美元的年金方案。你不可能知道何时才是购买年金的最佳日子，不同年金方案之间的区别可能就是，在退休后是可以在一家不错的餐厅吃鲈鱼，还是只能吃金枪鱼罐头之间的区别。但你可以做的是，将长期债券作为无风险资产进行投资。当你将你的投资组合从短期债券切换到长期债券时，你就是在用无风险方式为投入做投资，因此你的财富随着年金价格而变动。传统经验告诉你，

---

① 可以和通货膨胀挂钩。

短期债券是低风险的，因为它能保证你的资产余额不会有太大的变动。但如果你的目标是退休收入，那么短期债券实际上是有风险的，因为它跟不上年金的价格。①

年金保费是无风险退休的价格。你要弄清楚两件事：第一，你想要无风险的策略吗？第二，如果你需要，你能负担得起这个价格吗？不幸的是，我们大多数人都存不到足够的钱来获得无风险的退休。年金保费很贵，而对冲年金价格的债券的利息很低。大多数人也需要承担更多风险并投资股票。

虽然购买年金并不适合所有人，但年金价格提供了极具价值的基准点。在美国，许多 401(k)② 报表现在用收入条件来显示你的余额，用的就是年金价格。这是无风险退休的价格。这个价格告诉你在毫无风险的前提下能花多少钱。例如，知道你每年可以有 52 000 美元的生活费比知道在银行里存了 100 万美元更有意义。无论你是否购买年金，你的财富可以购买的无风险收入的金额都是所有支出计划的基础。比方说，假定你的储蓄只够购买每年支付 52 000 美元的年金，而你想要花 70 000 美元，你就需要冒险来获得你想要的收入。

年金价格可以帮你衡量你在市场中可以承受或者需要冒多少风险。以前文提到的 70 000 美元举例，你估计你每年要花 50 000 美元用于汽车或家庭所需必需品，另外 20 000 美元用于

---

① 如果你不购买年金，可以投资长期债券并获得类似的可预见收入。
② 401（k）是美国的一种特殊的退休储蓄计划。——编者注

更多可自由支配的费用,如旅行和外出就餐。那么理智的投资方式是,将约30%的退休金投资到有一定风险的地方,以便为自由支配的20 000美元提供保障。将剩余的资金投资于无风险资产,例如长期债券或年金,这种策略可确保无论市场发生什么情况,你都可以满足所有必需的开销,但仍然可以为你能冒险的那部分提供一些投资回报。

关于你的退休生活,你需要与财务规划师进行对话。对话中可以不讨论你对风险的看法,但你应该谈谈你有多少收入可以用于风险投资。这种讨论不仅可以帮助你完善退休计划,还可以改变你投资和处理风险的方式。

第四章

好莱坞对确定性的追求永无止境

一切都是不确定的这一点无法确定。

——布莱士·帕斯卡

《思想录》

无风险是一个单一的、可预测的结果。风险则相反，它是一切可能发生的事情以及它们发生的可能性。在一个完美的世界里，我们可以做出这样一个风险评估：它能捕捉所有可能的结果，并为每一件事情发生的概率给出精确的预测。但世界充满了不确定性，我们没有这样的想象力来预测所有可能出错（或正确）的事情，也很少知道事情的确切概率。我们能做的就是猜测，而通常最科学的猜测方法就是进行风险评估：对过去的数据加以分析，得出未来可能发生的一系列事件以及对这些事件发生概率的估计。

有时很容易做出准确的估计。而在另外一些时候，风险评估几乎是不可能做到的。谈到风险评估带来的挑战，我认为没有比电影业更好的例子了。数代风险模型家对风险评估中最困难的问题之一束手无策，这个问题就是定量分析某部电影成为热门电影的概率。

风险模型破碎之地

好莱坞通常被称为梦想破碎之地，而只要人们在这个地方如此经常地下注，还错得如此离谱，这个地方就是我们对风险进行探索的收获之地。每天都有年轻的、充满希望的、富有才华的人来到好莱坞，希望成就大事业。但很少有人实现梦想，大部分人只能带着苦涩和悔恨离开。因此，好莱坞也可以被称为风险模型破碎之地。投资者，包括银行、对冲基金和保险公司，都有着进军好莱坞、认为它们可以用科学和数据来驯服这个市场的悠久历史。但它们最终通常都以眼泪和诉讼而告终。好莱坞金融界有一句谚语："到这里来赚大钱的秘诀是，带上所需金额三倍的资金。"

最近的一次灾难来自瑞恩·卡瓦劳格，一个洛杉矶本地人。他在好莱坞光芒四射。他宣讲的是蒙特卡洛模拟。[①] 这个模型由一张精妙的 Excel 电子表格制成，承诺让不可预测的东西变得可以预测。他声称他的模型可以预测哪部电影会大卖，哪部电影会惨败。这真是诱人的模型啊。

这种可预测性之所以诱人，是因为它在好莱坞实在让人难

---

① 金融业常用的数字模拟技术。它模拟了一系列潜在的未来结果。

第四章
好莱坞对确定性的追求永无止境

以捉摸。如果过去的表现是预测成功的因素,那么投资者就不会采用卡瓦劳格的方案,但好莱坞的每个人都在随机结果的汪洋大海中寻找下一个大事件。像之前的其他人一样,卡瓦劳格的模型最终失败了,但已经有很多投资者跟进。

电影业的人解释说无法预测哪部会大卖、哪部会惨败。制作每部电影就像管理一个小企业,有数百个灵活的环节。管理风险的唯一方法是制作大量的电影。大多数电影都不赚钱,但有些电影会大赚一笔而为别的电影埋单。这种经营企业的方式风险很大,而且也解释了为什么有这么多很烂的电影——它们的情节可怕而老套,票房一塌糊涂。每年我们都会看到一部臭名昭著的烧钱作品,花费了数亿美元进行制作;也会看到一部独立制片人的故事片,剧本很精彩,只花了1 000万美元却赚了3亿美元。

这种"全面跟进"策略是对金钱和人才的巨大浪费。许多伟大的电影没有制作经费,而挥霍在人们离开影院后就会忘记的烂片上的金钱却高达几十亿美元。

预测获胜者是一个棘手的风险问题。在大多数行业中,决策者可以依靠过去的数据来帮他们找出将来会有所回报的更有成效的投资。良好的风险评估需要的数据要能做到两件事:一是揭示与未来有关的过去的经验教训,二是预测某些过去发生的结果比其他结果更有可能(在未来发生)。电影制作的本质意味着它的商业数据缺乏这两种特性。

更糟糕的是，电影制作风险很大，需要大量的前期投资，而且这些投资需要经过很多年才能收回——如果真能收回的话。电影工作室竞相引入来自外部的资金并让它们承担风险，以此来降低财务风险。要吸引这些投资者，经常需要搭上最新的流行顺风车，比如在项目中签下一个超级明星，或挖掘周边商品销售收入的潜力。这些策略可以增加赚钱的概率，但它们不一定会增加电影成为好电影甚至能有利润的概率。①

为电影提供资金的投资者通常会获得股权，这意味着他在作家、演员、导演、制作团队和编辑得到报酬之后，可以分走电影的利润。②因为大部分电影的预期回报是负数，投资者承担了大部分财务风险，却几乎没有回报。为了抵消风险，通常会进行这样的交易：一次性打包投资十几部电影，但投资者往往不能选择哪些电影包含在投资组合之中。

居然有人会同意这种条款？这似乎令人费解，但投资电影极具吸引力，并且令人兴奋，你可以和电影明星约会，出席电影首映式。马修·利伯曼是普华永道的一位高管。他说，希望进入电影圈的客户通常是老练的投资者，但他们被好莱坞的炫目光环——参加颁奖典礼、与名人交往——蒙蔽了双眼，做出

---

① 按照剧本语义分析公司 Epagogix 的首席执行官尼克·米尼的说法，聘用明星不会增加赚钱的可能，而这位明星的高价很少能有回报。Epagogix 公司通过机器学习来改进剧本。
② 小型独立电影制片人有时会使用降低风险的做法：工作室可以将自己的财务风险转移给制片人。

第四章
好莱坞对确定性的追求永无止境

了在别的市场他们从来不会考虑的投资。

如果有人能给出一种挑选赢家的科学方法,那么一个运作良好的电影制作市场就是一个成熟到可以进入的市场。瑞恩·卡瓦劳格此时出现了。

卡瓦劳格在洛杉矶长大,是特权家族的一员。大学毕业后,他和父亲一起启动了一个风险投资基金,在20世纪90年代为好莱坞里的大玩家筹措资金并投资初创公司。2000年互联网泡沫破灭后,公司倒闭了,卡瓦劳格被投资者告上了法庭。

几年后,他卷土重来。2004年——他那年还不到30岁,与他人共同创立了相对论传媒公司(Relativity Media)。他的团队成员都是所谓的数字高手,他将自己定位为穿着牛仔裤的数学专家加以推销,表示他能提供好莱坞和投资者渴望的那种可预测性。他出现的时机再好不过了,因为在21世纪中期,电影制片厂迫切需要新的资金来源。多年来,好莱坞一直依靠德国提供的避税所来吸引投资者,并转移了相当大一部分与电影制作相关的金融风险。但当默克尔于2005年上台后,德国取消了避税所。

德国的避税所为投资者和电影公司投资电影提供了一些经济上的激励,所以失去它之后,电影公司不知道如何获得融资。与此同时,对冲基金正在寻求投资高回报的风险资产的机会。这是一个完美的匹配。卡瓦劳格抓住了这个机会,特别是对对冲基金来说,由于它植根于金融,所以必须对承担的风险给出一个数字。他为投资者提供了他们想要的两样东西,他给了他们渴望至极的光环。曾与卡瓦劳格一起工作的一位娱乐业律师在 2012 年告诉《纽约客》:"瑞恩知道如何吸引人们进入好莱坞的光环之中。你是一个银行家,过着沉闷的生活,而突然之间你和电影明星有了交集。想想吧,我和杰拉德·巴特勒一起在海滩上散步!你没有意识到的是,你正在为为什么要进行这项投资找出合理的理由。"

最关键的是,卡瓦劳格声称他可以为风险提供一个可靠的数字,这正是机构投资者在把他们客户的钱用于拍电影之前想要听到的。卡瓦劳格会跑到纽约,拜访银行和对冲基金,讨论金融方面的内容,在白板上写方程式,给出判断一部电影会不会赚钱的准确概率。

对冲基金经理需要这个数字,因为风险评估正是金融人士要做的事情。如果能给出成功的概率,他们会感觉更舒服。所有人都是如此。

用数据衡量风险:通常会发生什么

无论你需要做出什么样的决定,无论是重要的还是一般的,评估风险最简单的方法就是考虑过去发生了什么,并假设类似的事情在未来会再次发生。这为我们提供了可能发生的事情的一个可靠估计。

第四章
好莱坞对确定性的追求永无止境

如果你每个月开车去同一个机场，那么每次正好用时33分钟的可能性不大。更有可能的是，每次通常需要20~40分钟，而这取决于交通和天气状况。这个时间区间并没有考虑不寻常的事情，比如导致延误一个小时的可怕的交通事故。一般来说，在我们做决定的时候，会根据可能发生的事情的常规范围来进行判断。如果我们比较谨慎，我们会假定到机场需要40分钟；如果我们可以冒险，可能会只给自己留30分钟。

风险是我们对未来发展的猜测；更确切地说，它是可能发生的事情的范围以及这些事情各自发生的可能性。准确猜出发生某个特定事件的概率——比如说哪部电影将赚2亿美元——几乎是不可能的（连卡瓦劳格都无法保证能做到这一点），但我们有可能计算出可能发生的一系列结果。夏季大片有很大机会在美国的电影院拿到100万~40亿美元的票房收入。达到40亿美元是可能的，但可能性太小，而夏季上映的电影几乎肯定能有超过100万美元的票房收入，因此，进行良好的风险评估需要缩小所有可能性的范围。

在做出风险决策时，要有一个可行的范围。如果你认为每次开车去机场都会有300辆车堵在路上，你就总是会提前三个小时出发，而几乎每次都会以在空无一人的候机厅里浪费宝贵的时间而告终。

难就难在怎么确定合理的范围。20~40分钟够了吗？还是说路况实在难料,所以你需要50分钟,甚至3个小时?

在金融经济学中,确定理想区间还是更系统化一些。用数据来估计可能发生什么的范围被称为风险评估。正如我们所知,风险评估是人类相对现代的发明。直到文艺复兴结束,启蒙运动开始,大多数人还认为不确定性是由神决定的,也就无法评估。但到了17世纪,数学家帕斯卡和费马开始对骰子游戏的概率进行测算。他们的发现改变了学者对风险的看法:学者开始将其视为可以测量、可以控制的东西。

60年后,数学家雅各布·伯努利将上述两位做出的成果又推进了一步,他把这些新兴的课程应用于现实世界的那些受控情形以外的需要精确量化的情形中。他假设,过去发生的一系列事情的范围可以用于预测未来发生某件事情的概率。他的主要贡献之一是大数定律。这个定律指出,如果你以足够多的次数重复一项实验,你就可以精确地估计出未来会发生什么的准确概率。

这些统计学先锋奠定了现代统计学的基石。统计学研究的是我们如何根据过去发生的事情来评估风险。例如,考虑某只股票的价格以及它在本月和下个月的涨跌。图4.1显示了1950—2018年间股票价格(以标准普尔500指数为参照)在每个月的上涨或下跌。可以把它想象成去了机场824次,只不过这里显示的是股票的月均回报率。如果你认为未来会像过去一样,那么这张图就显示了未来的69年里股市可能发生的一切及其发生的概率。

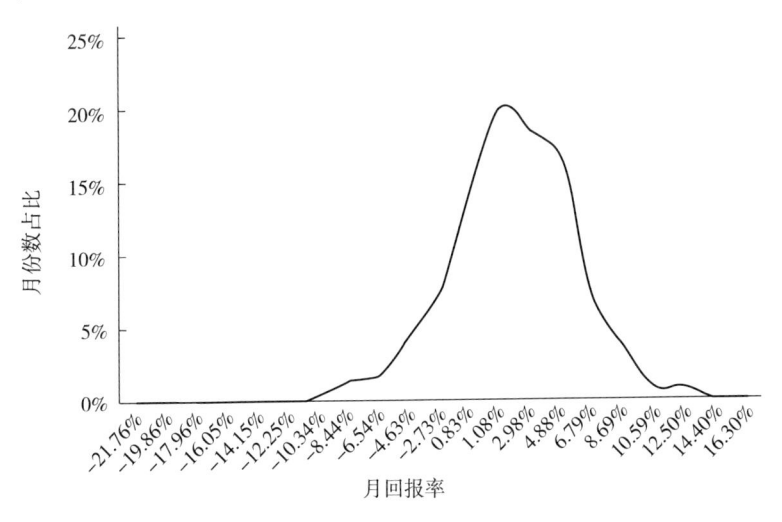

图 4.1　1950—2018 年股票涨跌情况

请注意此图的形状以及大多数股票的回报都向中间集聚靠拢。大多数月份中，股市的回报都是在 –11%～13%，16% 的回报是非常罕见的。

金融经济学通常假定股票收益率的历史符合某种特定的形状。这种形状就是正态分布或钟形曲线，它光滑、对称，大部分数据集中在中间。它看起来像图 4.2。

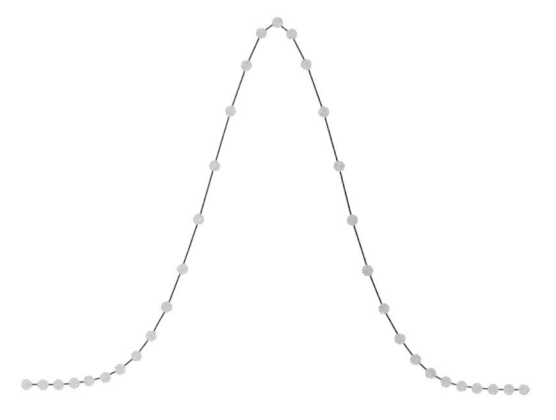

图4.2 股票收益率呈正态分布

如果你相信可能发生的事件的范围符合正态分布，就可以快速估算风险。这称为标准偏差或波动率。波动率可以告诉你，在大多数时间里，股票回报的变化范围有多大。或者确切地说，在任一给定的月份的68%的时间里，美国股市将下跌3%或上涨5%，或介于两者之间的一个百分比。范围越大，该股票投资组合（或任何类型的冒险）的风险越大，因为你可以料想得到，一般会发生的事情有了更宽的可能性区间。投资新兴市场股票比投资美国股票风险更高：价格可能会下降8%或上升9%，或者在这两者之间。

如果去机场对你很重要，那么你可以使用相同的技术。假设你开车去机场共900次，并估算了到达机场时间的变动：通常情况下到达机场的用时范围是20~40分钟。你还注意到由于出现重大交通事故而要花3小时到达机场的情况不太可能出现，只有 1%～2% 的发生概率。交通事故被称为"尾部风险"，因为花 3 个小时去机场实在太不可能了，所以它处在正态分布的尾端。

这些衡量标准是财务人员定义风险的方式：他们通常假设一个正态分布并使用波动率作为标准的风险评估参数。你可能会发现你的共同基金声明里也有一个波动率估计。它可以粗略地告诉你，你对该共同基金的价格上涨和下跌的程度应该有怎样的期望。它假定了一个接近于正态分布的模型，但它并没有告诉你关于尾部风险的信息。尾部风险虽然不太可能出现，但一旦出现就可能带来灾难性的结果，比如股票市场下跌 40%。

正态分布的假设是有争议的，并且有很多证据表明股票回报并不符合这种分布。如果回报不是正态的，那么与波动率相关的范围将低估风险。因此，在我们去往机场的例子中，行程会花 20～40 分钟的情况可能只有 50%，或者说，尾部风险——噩梦般的 3 个小时的行程、300 辆车堵在一起的情形可能比你想象的更可能发生，可能有 5%。

在好莱坞制作电影就如同交通一样：没有什么是符合正态分布的。

电影行业：来自偏态的诅咒

通常情况下，我们很难评估电影业的风险，因为几乎不可能将范围缩小到一个合理的程度。制作一部电影就像一次去机场的行程，所需花费的时间从 10 分钟到两个小时的可能性都存在。

如果你绘制出电影利润的历史趋势，就会发现它看起来完全不同于我们在金融业中假设的正态分布形状。

图 4.3 显示了票房收入（海外和国内）与制作成本的比例。所有被统计的电影在 2008—2017 年发行，并至少在 100 家美国影院上映。任何低于 100% 的数字表明，票房收入不能抵消制作成本。要抵消与制作无关的营销费用和额外费用，一个优秀的经验法则是，一部电影必须要获得两倍于成本的票房收入才能获得利润。①

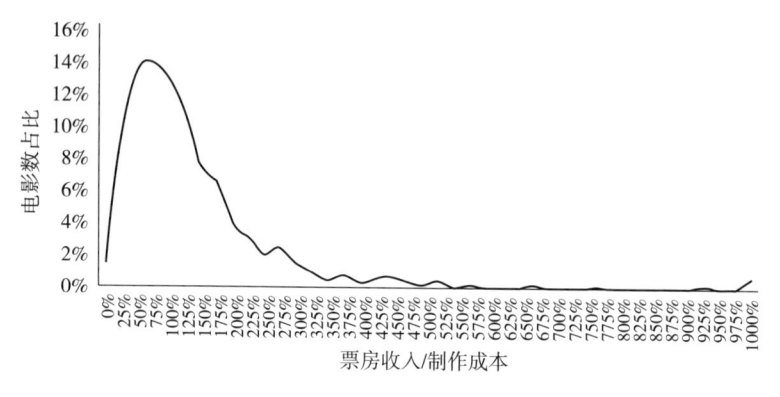

图 4.3 电影行业的利润分布情况

几十年来，尽管出现了 IMAX（巨幕电影）这样的创新，以及来自流媒体和更高清晰度电视的竞争，票房回报的风险预测都是一样的。经济学家阿瑟·德万尼和 W. 戴维·沃尔斯查

---

① 其中不包括 DVD（数字通用光盘）销售、在线流媒体播放和电视播放需要的市场费用和产生的收入，这张图只是评估了通过票房收入可以抵消多少制作成本。

看了 1985—1996 年的 2 015 部电影的票房收入数据，画出了几乎完全相同的形状。

这个形状称为偏态分布。这是电影业的特点。它还描述了我们日常面临的众多决定。

这种不对称的形状表明，电影业的风险和不可预测性有多么大。如果分布是正态的，而且中心落在盈亏平衡点，那么赚钱和亏钱的电影数量会相等，大多数电影都在收支平衡点两侧极窄的区间内。如果具有正偏态分布，如图 4.3 所示，那么可能性的范围很大；赚钱的情形比亏钱的情形多得多。我们注意到，图 4.3 的右边有一个长长的尾部，它覆盖了有正利润的范围。在这个范围内的任何一部电影只能勉强收支平衡或回报超过 1000%，或者处于之间的情形。这些赢利的情景都同样不太可能发生。可能会发生的是，一部电影会亏钱，因为大部分电影都集中在该曲线比较窄的那一段亏损区间。图 4.3 中被统计的电影中有 53% 甚至无法通过票房收入收回制作成本，这还是假定它们在多家影院上映的情况下（但大部分电影不是如此）。即使这些电影确实通过票房收入赚了钱，但其收入前景看起来也完全像是一场大冒险，只有几个大赢家。

"偏态"给风险评估带来了问题。要想使波动性告诉我们在大多数时候会发生什么，就需要一个正态的、对称的分布。如果分布是偏态的，波动性就会低估风险。它可能只会告诉你 30%～40% 的时间里会发生什么。长尾包含了大量的可能性，所有可能情况发生的可能性看起来都差不多。工作室知道大多数电影都会亏钱，但是有一些电影会处在长尾末端并补贴所有输家，然而他们不知道会是哪些电影，也不知道它们会取得一般成功还是巨大成功。

风险出现偏态是常见的。对称分布被称为正态，但并不常见。来到好莱坞的那些雄心勃勃的电影明星面对的是一个正偏态的分布。可能发生的是，他们永远没能成功。但是一般演员处境的可能性范围如此之广，总有一个很微小的机会会发生在他们身上：从在电影里跑龙套到一跃成为下一个超级巨星。

假设你正考虑离开有稳定高收入的职位，加入新的科技初创公司。它承诺的薪水低于你当前的水平，但是你有宝贵的股票期权。想一想一系列可能发生的糟糕事件：初创公司可能破产，或者你在几年内少赚了钱而最终离开。但是，也可能初创公司是下一个谷歌，你会发财；或者公司将被收购，为你带来不错的意外之财，但你仍然需要找另一份工作；又或者初创公司可能成长为一家更大的公司，有一天会为你支付你现在得到的薪水，但也要你承担更大的责任。虽然看起来好的结果比坏的结果多，但坏的结果出现的可能性更大，因为大多数初创企业都会失败。如果你绘制了可能发生的事情的范围图，这张图更像一个偏态分布而不是正态分布。该分布的大部分都在损失区，但有一个长尾延伸到所有那些成功（但不太可能的）场景。

实际上，将资金投入初创公司的风险投资公司的投资策略与电影制片厂类似。它们的许多投资都会亏钱，但几个独角兽公司会带来回报并弥补损失。卡瓦劳格在风险投资方面的经验成为他说服人们下大注的前提和理由。这个行业的偏态分布也解释了为什么会有数百万美元倾入那些"创造"无用的——而且明显是坏主意的——科技公司。

卡瓦劳格声称他的模型可以给出可靠的估计，战胜来自偏态的诅咒。

他是怎么做到的呢？他选择了电影的某些特征（如演员、导演、流派、预算、发布日期和分级），并对之前电影的那些有相同特征的数据进行了分析，预测哪些电影可能成为未来的赢家。这个模型根据这些特征在过往的表现，生成了一个可能获利的范围。根据某些因素而选择投资哪些电影意味着风险较小，因为根据这样的策略而形成的分布提供了更可靠的风险评估。

例如，动作电影是风险较高的投资，因为其制作费用更高。2008—2016 年，一部动作片的平均制作预算约为 1.04 亿美元，而一般恐怖片的成本仅 1 900 万美元。只有约 35% 的动作片——但有 67% 的恐怖片——通过票房收回了制作成本。所以好莱坞应该制作更多的恐怖片，对吗？错了。2007—2016 年，动作片的制作数量是恐怖片数量的两倍以上（分别是 216 部和 103 部）。

图 4.4 绘制出了动作片和恐怖片的回报区间。有很多理由去制作更多的动作片：它们往往有更好的国际票房收入；它们提供了特许经营和销售周边的可能性；它们的票房收入不那么偏

态，票房表现更容易预测，因此是风险较小的投资。另外，恐怖片的回报有一个很长的尾巴：许多人赔钱，赢家的回报范围也很广。即使恐怖片比动作片更有利可图，但它在某些方面风险更大——因为恐怖片的可预测性更低。

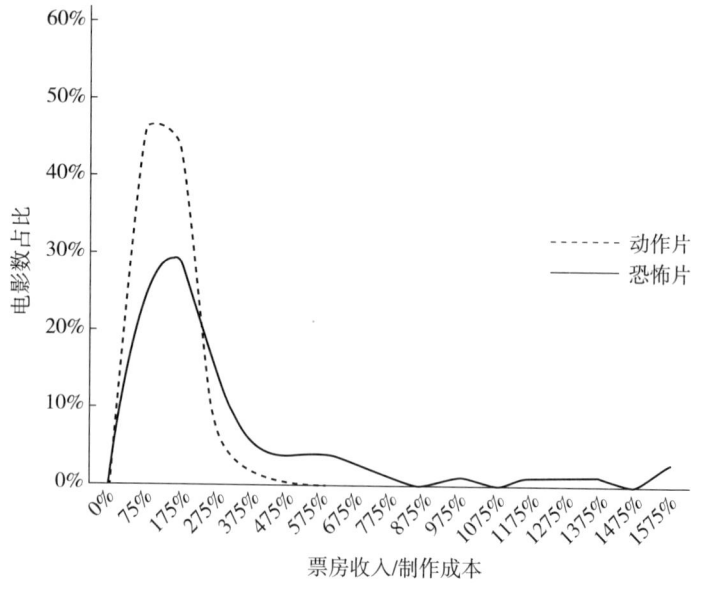

图4.4　动作片和恐怖片的利润分布情况

卡瓦劳格声称他的模型可以产生一系列可靠的潜在盈利场景，因为选择特定特征的过程① 增强了可预测性和赚钱的可能性。如果这些盈利场景中有超过70%与足够的利润关联，卡瓦劳格会告诉投资者去投资这部电影，作为他亲手挑选的电影组合中的

---

① 因为相对论传媒公司偏好小成本电影，所以通常不会挑选动作片。

一部分。电影工作室对获得融资充满热情，因此，它与卡瓦劳格分享了完整的利润数据，卡瓦劳格称之为"好莱坞的圣杯"。

Excel 电子表格包含了圣杯数据，并将其转化成更难以捉摸也更令人向往的东西：可靠的风险评估。而这是对冲基金和银行为某项投资开绿灯的时候需要的评估。他们为卡瓦劳格挑选的电影投入了数亿美元。2005—2006 年，卡瓦劳格联合环球影业和索尼，投资了 36 部电影，为他的投资者赚到了钱。对冲基金的投资者也从他早期的组合中获得了 1.5 亿美元的利润，回报率在 13%~18%。卡瓦劳格在每部电影中都获得了数百万美元的报酬。虽然他在制作中没有担任任何角色，但还是获得了制片人这样的头衔。

但随后卡瓦劳格变得贪婪起来。埃利奥特管理公司（Elliott Management）是一个 210 亿美元规模的对冲基金，它在 2008 年为相对论传媒公司 49.5% 的股份支付了 6 700 万美元。这让卡瓦劳格获得了必要的资金而亲自投资电影。他的支出开始失控：他私人浴室用的卫生纸上印有奥巴马总统的照片，他买了珍禽异兽放在办公室，他开始在一个装饰豪华的飞机机库中工作。更糟糕的是，他的魔法模型失效了，居然选中了《武士之路》（制作成本 4 200 万美元，美国票房 570 万美元）、《机关枪传教士》（美国票房仅 53.9 万美元）这样的票房毒药。埃利奥特管理公司在 2010 年撤资。卡瓦劳格设法找到了更多的融资方，但还是没能摆脱挣扎的困境，因为他的开销在升级，而且选中了更多的烂片。相对论传媒公司在2016年破产。

好莱坞再一次让一个风险模型破碎。

过去不能预测未来

在好莱坞进行风险评估危险重重的另一个原因是，数据很快就变得陈旧。卡瓦劳格臭名昭著的蒙特卡罗模拟可以对未来进行预测，但这个模型所依赖的数据输入来自过去。

有一段时间，它确实起了作用。投资者得到了他们需要的数字而觉得放心，从投资中获得了回报。卡瓦劳格做出的模拟似乎做到了其他模型无法做到的事情。但这只是根据过去预测未来而已。在它失效之前，它一定是有效的，因为市场（特别是对电影业来说）在不断变化，根源在于基于旧数据的预测不再能告诉你任何事情；困难在于不知道什么时候需要更新数据。通常，我们不会意识到世界正在发生变化，直到变化已经发生了很久。

仅在过去10年中，DVD销售就枯萎了，中国成了一个更大的市场，动漫书籍人物的改编电影越来越赚钱。流媒体和更高清晰度的电视意味着人们更少去影院。在线评论网站（如烂番茄）可以破坏哪怕是最好的营销计划。这让一些业内专家——比如华尔街日报的记者本·弗里茨——认为市场已经永久地彻底改变了。这就意味着15年前的数据根本无法告诉我们现在的电影市场是如何的。他认为,今后电影工作室将制作更少的电影,而集中去制作关于动漫人物的电影。

过时的数据不仅破坏了哪部电影会打破票房纪录的预测。奥巴马和罗姆尼竞选时的投票模式与特朗普和克林顿的竞选根本无关,无法加以参考。这导致民意调查给出的预测是误导人的。技术和更多的全球贸易改变了旧的经济关系,使过去的数据在今天更加不具相关性。

摩根大通的媒体总监戴维·沙欣把卡瓦劳格的模型描述为"垃圾进,垃圾出"。他认为相对论传媒公司使用了错误的数据、错误的方式。数据变化实在太快,要维护一个数据集的准确性,并选出哪些电影会成为赢家实在太难——如果不是不可能的话。沙欣和同事认为,虽然漫画书的改编电影如今看起来像是一个稳赢的赌注,但市场最终会饱和,另一种流行趋势将会出现。不可预测性意味着好莱坞快速地追随某种流行趋势,只是为了在下一时期将它彻底抛弃。

数据是魔鬼,也是天使

卡瓦劳格做出了过分的承诺,因为这世上没有完美的风险评估。风险是对不确定性的评估,是一种人造的概念,试着为不可知的未来建立秩序。风险的意义在于,帮助我们理解要面对什么,为可能出现的好事或坏事做好准备。它还有助于我们权衡不同的选择,并发现哪些能让我们更接近目标。我们每天都参考数据来进行选择:尝试一家新餐馆,因为我们之前就很享受这位厨师的菜肴;重返我们最喜欢的度假村,因为我们去年在那里度过了一个美妙的假期。有时这些预测会失败,比如度假村的管理者换人了,或者这位厨师的新餐厅并不太好。

数据可能是预测未来的可怕方式,但它是我们手头现有的最好方式——因为我们也只有这种方式。在这个快速变化的世界,过去的数据瞬间就毫无用处,数据的局限性在某些方面变得更加明显。但数据也正成为一种更强大的风险评估工具。现代世界正将帕斯卡、费马和伯努利的原创思想推进得更远,因为现在我们拥有比以往任何时候更多更好的数据、更强的计算能力来评估风险。我们买什么、看什么、认识谁……这些都是数不清的数据。我们手机上的应用程序可以将这些数据转化为各种预测:航班会不会延误,初次相亲对象和我们有多大的匹配率,股票市场是升还是降。

更多的数据和预测技术——比如机器学习,意味着更可靠的风险评估。用不了多久,曾经看起来无法评估的东西——比如电影成功的可能性,都将有可能进行评估。

根据与你有相同人口统计特征的人看完一部电影的可能性,网飞可以为你推荐影片。你不用根据你过往的观影体验而得到粗浅的预测,然后做出冒险的决定,而是根据数百万其他人的体验来做决定。伯努利早就证明,更多数据意味着更准确。这将使我们有能力做出更知情的决定——尽管我们还需要了解数据的局限性。

有一个问题仍然是数据无法回答的：好莱坞制作了这么多烂片，是因为数据变化和偏态分布使风险很难评估呢？还是因为市场运作不良、毫无章法，最大的风险承担者——也就是出钱拍电影的人——没有获得最大的回报，但还是会因为电影带来的荣光去投资，所以造成了这一偏态分布呢？

我们很快会找出答案。

因为人们在家中通过在线流媒体就可以观看影片，技术再次改变了电影市场。亚马逊和网飞已经进入制片业，它们对谁看了什么、是不是看完了有精准的数据。如今，电影预算中几乎有一半花在营销上，因为电影对所有人都加以广告宣传，希望广告会吸引某些人。既然工作室有了观影模式的数据，它们可以用更低的成本，更好地制定它们的营销策略，并了解哪些电影会吸引目标受众。人们期望这么做会改变潜在结果的分布，缩小范围并使其更具可预测性。

这可能会改变制作电影的种类、减少偏态，并且可能预示着我们会看到更好的电影。

第五章

风险的类型:狗仔队不为人知的生活

梦想,多元化——永远不要错过任何一个角度。

——华特·迪士尼

在华尔街，人们对风险着了迷，他们用高速计算机和高等数学识别风险的不同种类以及如何从中获利。但就在几英里[①]之外，我发现另一场同样精彩的风险调查正在进行。我认识了一名在纽约工作的狗仔队，他的整个生计都有赖于他面临的各种风险。他使用的策略和金融专家用到的类似——虽然技术含量没那么高，都要分离出并管理好他必须面临的各类风险。但哪怕他用了最好的风险策略，也会不断被行骗带来的无所不在的诱惑所破坏。

一个巨大的印有模特吉吉·哈迪德的广告牌挂在纽约最时髦街区的大街上。吉吉的画像俯瞰着吉吉现实生活中的公寓，那是她和男友的爱巢。楼下的街道上，一些中年男子聚集在一起，每人都拿着一台大相机。我们讨论的是吉吉的最新动向。"昨天，

---

① 1英里≈1.609千米。——编者注

她和母亲以及妹妹一起用晚餐,然后肯达尔·詹娜来了,"其中一人说道,"现在她和泽恩在楼上。他们起床已经很久了——你觉得他们在干吗?"

我正在和一群成年男子讨论一位22岁年轻人的日常安排。这似乎很奇怪。但知道吉吉的日程表对狗仔队来说就意味着收入。只拍到吉吉离开她公寓的照片能赚的钱相对较少,可能只有10美元。但因为她生活中交往的人也很有名,所以一张他们的合照可以值几百美元。如果他们做了一些不寻常的事情,这可能意味着一笔不小的财富。"要是有人抓到她(做了什么不寻常的事情),就像在巴黎发生的事情那样,我们说的可能是10万美元了。"另一名男子向我解释说。

能不能得到那么特殊的吉吉的照片是不可预测的。好的摄影技术肯定能帮上忙,但通常要靠运气:在正确的时间出现在正确的地方。这种风险很难控制——如果不是不能控制的话。

吉吉的照片是一种资产,而且价值正在上升。几个月前,狗仔队的主要焦点是吉吉的朋友肯达尔·詹娜。但其中一位摄影师告诉我,那项资产的价值已经下降:"不会再有那么多人去拍肯达尔了,现在大家关注的是吉吉。"

狗仔队的黄金法则

在吉吉的公寓外,我遇到了圣地亚哥·巴埃斯。从20世纪

第五章
风险的类型:狗仔队不为人知的生活

90年代初开始,他就是一名狗仔队。他是纽约近代文化史中一个类似西力①那样的角色。他相机在手,见证了纽约大多数名人的婚外情、新生儿、去世、结识新欢和分手,而且他还倾注了感情。我们站在娜奥米·沃茨和列维·施瑞博尔一起居住过的公寓外。当我问起他们的分手时,巴埃斯长叹一声,说道:"那太糟糕了,我对这个结局感到非常难过。我追访他们好多年了,他们都是好人,也有一个好家庭。"

在吉吉公寓外和他见过面的几天后,我和他又碰头了。这次是要找到亚历克·鲍德温和他的太太伊拉里亚。巴埃斯得到线索,说他们要去往汉普顿并计划更改他们的婚礼誓言。如巴埃斯所说,有新闻价值的名人照片比明星出门散步的照片更有利可图。

巴埃斯年轻的妻子——他从未告诉我她的名字(巴埃斯称她为"好太太")——是他的摄影搭档。她也在场,他们的儿子坐在婴儿车里。当我们开始在鲍德温家外面扎营的时候,一个女人冲出一家冰激凌店,给巴埃斯的儿子带了一个冰激凌甜筒。巴埃斯解释说,与那些在名人家附近工作的人搞好关系很重要,因为他们会让你用他们的洗手间。狗仔队可能要等几个小时,有时甚至几周才能拍到照片。

巴埃斯于1981年从多米尼加共和国来到纽约。他做过皮革

---

① 西力这一人物出自伍迪·艾伦1983年的电影《变色龙》,他因能适应各种各样相去甚远的交际圈,并在进入一个新的环境后,身上就会迅速体现出那个环境的特征而为人所知。——译者注

工和餐馆帮工。他用一本词典自学英语和阅读报纸。他手头很紧，但他很早就用分期预付方式购置了一台售价300美元的相机。他一直想成为一名建筑师，但要学这个"要花的钱太多了"，于是他转而开始追求摄影。在他还只是一个不懂英语的餐馆帮工的时候，他记得曾告诉他的理发师，"总有一天我会成为一名职业摄影师。他认为我疯了"。

几年后，巴埃斯得到了一份薪水更高的工作。他开始带着相机参加各种盛典，拍照后卖给当地的报纸。1991年，在一次颁奖活动场外，巴埃斯认识了一位比他年长的法国狗仔队。此人通过出售约克公爵夫人莎拉·弗格森的照片而发了一笔小财。他告诉巴埃斯应该辞掉工作，成为一名全职的狗仔队。这位老摄影师将巴埃斯置于他的羽翼之下，将年轻的巴埃斯介绍给自己的摄影经纪人和中介——他们会将照片出售给那些光鲜的杂志。他教授巴埃斯拍摄技巧，教他站在哪里、如何用相机瞄准、如何隐藏、用什么镜头，以及名人摄影的黄金法则：第一，不要让他看到你；第二，如果他确实看到了你，那么除非他先和你说话，否则不要跟他说话。

在鲍德温的公寓外，巴埃斯向我展示了如何使用这样的技能——如果鲍德温离开公寓，那么应该站在哪个位置，相机用什么角度加以把握。我们按照狗仔队摄影第一规则行动起来，寻找垃圾桶后或街角处可以藏身的地方，因为我们不想让鲍德温看到我们。一旦名人看向镜头，就会打破偷拍的意境。最好的照片是在名人不知道被拍的情况下拍摄的照片。照片必须没有阻挡,显示鲍德温的脸,而不包括其他人。我们可能只有几秒的时间拍到一张完美的照片。

巴埃斯有着百科全书般的、名人各自都住在纽约何处的知识,还有一个司机、商店和餐厅工作人员网络。只要名人出现在附近,这些人就会给他打电话,给他线索。通常这些线索来自名人自己通过社交媒体发出的消息:为了有人追随,他们向公众(主要是针对那些摄影师)透露自己的动态。有时,巴埃斯的摄影经纪人会告诉他要去哪里。如果一个名人想被拍照,他的公关人员就会致电一家机构,他们会派遣巴埃斯前往。

一些摄影师专注于某些名人。例如,巴埃斯在 20 世纪 90 年代经常追随伊莎贝拉·罗西里尼和小约翰·肯尼迪。专业化会是一个很好的策略,因为你得到了你拍摄目标的日程安排,增加了拍到好照片的机会。你也可以控制这位名人照片的市场供应,不要一下子流出太多的照片。不过某个名人照片的市场可能会消失,就像帕丽斯·希尔顿那样,而了解她的日程安排也就失去了价值。

大多数照片都不值钱,但如果是一张新生婴儿、某个名人吻了新情人、婚礼的好照片,那就可以发一笔财。而这主要归结为在正确的时间出现在正确的地方。运气和时机的因素意味着一个狗仔队的收入有极大的风险,因为这实在变化多端且不可预测。他们面临的风险是,某天他们没能拍到任何照片,而另一天他们可能撞上某名人与新欢共进早餐。狗仔队有各种方法来管理这些风险，但即便是最好的策略也会被内斗和行业的变化破坏。

既然最好的照片来自在正确的时间出现在正确的地方，于是摄影师经常组成团队或联盟分享线索，有时也会分享特许使用费来增加他们出现在那个场合的机会或收益。2003 年，巴埃斯成立了一个名为 PACO 的团队，结合了"paparazzi"（狗仔队）和"company"（公司）这两个单词。

PACO 由 10 位经验丰富的摄影师组成。他们交换某些名人何时出现在何地的线索。于是，如果巴埃斯发现某个名人在一家时髦的餐厅吃午餐，他就会提醒其他的 PACO 成员。他自豪地说："我们现身的那天，其他人会说：'哦，不！PACO 的人来了。'因为我们是最棒的。"

但对联盟进行欺骗、独吞一条特别好的线索或不公平地分享收入带来的诱惑实在太大了。这意味着任何联盟都如同名人的婚姻一般脆弱。毕竟，拍到别人都没拍到的照片意味着更多的收入。如果某个狗仔队是唯一得到能改变命运的摄影机会的人，那么他就有动机欺骗联盟，并进而招致其他摄影师的怨恨。PACO 存在了 10 年，在名人摄影界那就是一辈子了。①

---

① 我最近听说的是，目前有一个强大的联盟（但巴埃斯不是其成员），名为"鲍厄里男孩"（Bowery Boys），因为他们花费大量的时间驻留在纽约鲍厄里酒店门前。这个名字和 19 世纪的那个本土主义团伙或者 20 世纪 40—50 年代的演员无关。

第五章
风险的类型：狗仔队不为人知的生活

"名人摄影师毫无忠诚度可言。"巴埃斯愤愤道，他对因欺骗联盟而导致友情破裂仍然感到失望。

内斗和欺骗带来的好处破坏了狗仔队降低错过好作品的风险，增加了丧失大好机会的可能。最近他们面临着另一个风险，一个更难管理的风险。

狗仔队的淘金热

狗仔队拍摄的照片的价格由一小帮人决定，比如彼得·格罗斯曼，他是《美国周刊》2003—2017年的照片编辑。格罗斯曼不和狗仔队直接合作。像巴埃斯这样的摄影师将照片卖给一个代理机构，而该机构和像格罗斯曼这样的照片编辑进行联系。[①] 狗仔队的收入占照片版税收入的20%～70%，具体比例取决于摄影师以及摄影师和机构谈成的交易。更资深、技术更好、更有才华的狗仔队可以要求更好的条件，通常包括向一家机构独家出售他们的照片。但这种排他性往往会被狗仔队打破，方法是通过以不同的名字出售照片而作弊。

我和格罗斯曼在一家位于布鲁克林的小饭店见过几次面，并讨论了这个行业。我们的谈话往往偏离主题。他在一线那么多年，积累的八卦故事我永远都听不够，虽然名人图片背后的

---

① 和机构的关系非常关键，哪怕在一个所有人都有拍照手机的年代，也只有狗仔队才可以出售照片，因为他们和机构有关系。

经济学也一样有趣。

格罗斯曼告诉我,他的最大热门之一是女演员克里斯汀·斯图尔特的一系列照片。克里斯汀当时正和演员罗伯特·帕丁森约会,却被拍到和鲁伯特·桑德斯——《白雪公主与猎人》的导演(已婚,克里斯汀出演了他拍的电影)——激情相拥。2012年的一天,一群狗仔队拍到克里斯汀离开了她在洛杉矶的健身房,这些都是不怎么值钱的一般照片。她上车后,众人都离开了,但有一位摄影师决定跟着她。他注意到她没有开车回家,而是开进停车场和一个不是她男朋友的男人见面。摄影师拍下照片后就知道他挖到了金矿。他的经纪人非常兴奋,半夜打电话叫醒了格罗斯曼。他在电话中说,这是他职业生涯中最大的收获。格罗斯曼说他付了"好几十万美元"。这样的照片"一代人中也只会出现一次"。

格罗斯曼是"就和我们一样"(Just Like Us)照片系列兴起的幕后人物。2002年4月1日,《美国周刊》首先刊登了"明星——就和我们一样"的每周系列,发布了明星完成日常琐事——比如倒咖啡、给汽车加油——的照片。在这之前,日常生活照不值钱,但《美国周刊》通过呈现明星看起来不那么光彩的一面,展示了这些人的人性。人们喜欢这样的照片,很快众多媒体都开始放出这种类型的照片,引发了该行业为人熟知的淘金热,而此时恰逢帕丽斯·希尔顿、布兰妮·斯皮尔斯和林赛·罗韩的鼎盛时期。

第五章
风险的类型：狗仔队不为人知的生活

格罗斯曼描述道，在淘金热的日子里，他为一张照片支付的价格取决于名人所做的事情以及是否"独家"——也就是某个名人在做某件事情的唯一一张照片。在淘金热的高峰期，一张独家"就和我们一样"的照片通常要花 5 000 ~ 15 000 美元。

淘金热时代带来了淘金热的心态，有许多新的摄影师蜂拥到这个行业。他们敢于违犯法律，让狗仔队本来就不好的名声变得更糟，因为他们太过分了，对名人甚至他们的孩子进行骚扰。格罗斯曼受够了。他学习《教父》里的做法，召开了一次晚宴，只不过邀请的不是犯罪家族里的头目，而是顶级编辑、摄影机构负责人和最好的摄影师。他敦促大家协调一致，都退一步，少付一些购买照片的费用，不做违法的事，也不让自己或其他人在拍照时有危险。但这没有用。由于合作在名人照片生意中总是会失败，这使该行业无法降低风险。

大萧条和网络媒体的崛起终于扼杀了淘金热。数字媒体增加了对名人照片的需求，但降低了媒体公司愿意支付的价格。照片代理行业开始整合或停业，而剩下的几家公司改变了商业模式。它们不再要求杂志为每张照片付费，而是开始提供订阅服务：出版商可以随自己的意愿使用尽可能多的照片去满足对较便宜的照片的更大需求。因此，狗仔队的收入是订阅费的一小部分，至于有多少则取决于他们的照片每个月有多少用量。这意味着一张独家的"就和我们一样"的照片在以前要花 5 000~15 000 美元，而现在只需支付 5 美元或者 10 美元就行了。

狗仔队的生活艰难，而且越来越难。许多狗仔队向往的6位数收入的日子一去不复返了。如今，拍到那种"白鲸"照片——又一张克里斯汀·斯图尔特情事的照片——是赚大钱所必需的。

特殊风险和系统风险

我必须承认，与狗仔队一起跟踪名人真的很好玩。我和巴埃斯出去过几次，他会安排一些小事让我做：在他给小明星拍照的时候，我在角落里看看谁来了或提供掩护。我觉得自己像是一个在执行任务的间谍。当看到某个名人时，我们总是很匆忙，因为通常都要看机会。这正是巴埃斯收入波动如此之大的部分原因。不出意料的是，巴埃斯在他的工作中采用的风险策略与人们在金融市场中使用的类似。

金融经济学家将风险分为两大类。首先是特殊风险，或特定资产特有的风险。假如脸书更换了管理层，那么公司的未来就不明朗，股票价格就可能会因脸书独有的、不影响其他股票的因素而下跌。

狗仔队面临着许多特殊的风险。吉吉今天会做什么——她会和她A列表里的朋友还是D列表里的朋友在一起，她从后门或者前门离开餐馆时狗仔队是不是能抓拍到她，她是穿一件黑色小礼服还是汗衫——决定了他们那个星期能赚多少钱。如果不再有人对吉吉感兴趣或者她不再受欢迎，这些图片的价值就会降低。吉吉的照片就像一只股票：它们的价值根据吉吉特有的因素，以及某个特定的摄影师在正确的时间拍下了正确的照片而变化。

其次是系统风险，或影响更大的系统而不是单个资产的风险。系统风险就是由于整个市场飙升或崩盘（就像2008年那样），所有股价都上涨或下跌。因为经济衰退带来重大经济混乱，或者人们认为某次选举结果会影响经济，系统风险事件经常发生。系统风险比特殊风险更难管理，而且带来的负面结果的影响更广泛。如果整个股票市场陷入崩溃，你就有在股票投资组合上亏钱的风险以及失去工作的风险。

你可以看到系统风险是怎么玩弄狗仔队的，比如淘金热那些年的繁荣，再比如崩盘时人们都不会花5美元去购买小报。狗仔队系统性风险的负面影响在最后10年变得更加严重。所有人都很难赚钱，许多狗仔队离开了这个行业。拍摄名人照片将近30年后，巴埃斯于2018年和妻儿一起，带着悲伤回到了多米尼加共和国，寻找新的工作。

事实上，狗仔队对这两种类型风险的体验程度要比大多数人在工作中体验的程度更高。他们是一个极端的例子，但这就是为什么他们为我们提供了极有价值的例证，说明应如何发现特殊风险和系统风险并试着加以管理。在工作中、关系中甚至在选择吃什么的时候，我们都必须处理不同类型的风险。

假设你决定试试一家新的本地寿司餐厅。特殊风险是,这家特定餐厅里的鱼是坏的,会让你生病。系统风险是,一种无处不在的对金枪鱼造成感染的寄生虫。

能够发现差异很重要,因为它决定了什么是最好的风险策略(我们将在后面的章节中讨论这个问题)。例如,当你想买房时,价格可能由特殊风险驱动(比如在厨房里用水泥工作台面这样的时髦特征),也可能由系统风险驱动(整个市场火爆而推升了价格)。识别不同类型的风险可以让你知道是否多花了钱,或者现在是不是采购的最佳时机。

区分风险很有用

管理金融中特殊风险的方法是购买大量股票。持有许多公司的股票意味着无须担心一家你持有股票的公司因管理不善而破产,因为你的风险分散在许多公司中。你不应该持有你工作的公司的股票,因为你将面对巨大的你的雇主特有的风险。比方说,如果你曾在安然公司工作并持有它的股票,那么一旦一个重大的会计丑闻导致其破产,你就会失去工作、收入和退休储蓄,而这一切都是由某一事件引起的。

当组成联盟或组队工作时,狗仔队也通过分散风险来管理他们的特殊风险。根据当天的幸运程度,每位摄影师都承担着很大的风险:如果他在公共场合拍到某名人和新欢在一起,如果该名人通过后门离开时尚餐厅而摄影师恰好站在那里。狗仔队联盟将好运分享,减少他们的特殊风险。这意味着更稳定的收入,因为这增加了拍到好照片的机会。然而,行骗带来的好处不断破坏狗仔队降低特殊风险的能力。巴埃斯在他的职业生涯中不断创建新的联盟,也知道自己最终会受伤,但这是降低他所面对的特殊风险的唯一方法,这么做是值得的。

系统风险更难以管理。要评估系统风险,财务专业人士要看股票的历史价格,以及一只股票的价格相较于市场里的其他股票会波动多少。根据这一相关性会生成一个数字,称为"市场 β 值"。

20世纪60年代,经济学家威廉·夏普和约翰·林特纳研究得出一个理论。该理论认为市场 β 值可以解释为什么一只股票的回报会超过另外一只。只要持有大量不同的股票——可以是任意股票——就可以轻松地降低特殊风险。但是,降低系统风险的股票尤其有价值,因为它更罕见且具有降低整个投资组合风险的能力。某只股票如果和市场其他股票波动方向相反或者波动不那么剧烈,则具有低 β 值,这会降低你的系统风险并使你更安全,因此给出较低的预期回报率。相反,如果一只股票对其他股票敏感,那么在市场其他股票仅上涨5%的时候,它会上涨15%,就有很高的 β 值。它会放大你的投资组合的系统风险,所以只有在你愿意承担更多风险并需要高回报的时候才应该购买这只股票。它应该向你许诺更高的回报。如果你想

对　冲

降低投资组合中的风险,就需要低 β 值的股票;如果你想获得更高的回报,并且能坦然面对众多不可分散的风险,那么你要的是高 β 值的股票。

我们的生活充满了高风险的决定。想象一下,你要确定哪条路线回家最快。你可以走小路,也可以走主线高速公路。小路会造成特殊风险:你会被一辆慢车堵在前面。主线高速公路可能更快,但它有更多系统风险,因为在繁忙时期——比如高峰时段——你会碰到交通拥堵。再比如说,你从事建筑工作,这个工作有很高的 β 值。因为经济蓬勃发展时,建筑工作的收入会很好,但如果经济衰退,建筑工人会是第一批失业的人。

明星——"就和我们一样"照片系列的回报会带来更多的系统风险,因为它们对市场特别敏感。如果名人照片市场蓬勃发展,媒体机构就愿意为这些照片支付数千美元。但如果市场崩溃,或者数字媒体超越了印刷媒体,这些照片的价格就会暴跌至几美元。不过这些照片仍然很受欢迎,因为它们相对便宜且易于获得——大部分时间里,名人实际上就和我们一样。考虑到时间和精力后,这些照片比起其他在市场上不那么敏感的照片来说,相对回报还算是高的。

比如说,一张独家婴儿照片可以在任何市场获得回报,但需要花费数周的时间和精力才能拍到一张好的婴儿照片。(巴埃斯告诉我,他有时不得不花费两个星期的时间才能拍到一张完美的照片。)就像基金经理一样,狗仔队必须平衡目标和风险承受能力，以决定哪些照片值得他投资时间。

我们其实和狗仔队一样

狗仔队的工作比大多数工作都要危险。但在某种程度上，我们在职业生涯中都会面临一定程度的特殊风险和系统风险，所以我们可以从这些摄影师身上学到很多东西。

假设你想要跳出安全、有固定薪水的支持角色而从事以佣金为基础的销售工作，那么你有机会比你的定薪工作赚得更多。因为作为一名销售人员，你将面临两种类型的风险。第一，从事具有特殊风险的高 β 值工作；比方说，你的收入将取决于你的销售技巧和客户的行为（你可以通过在一个团队中工作并有很多客户来管理这种风险）。第二，你将面临系统风险，因为销售业绩取决于经济状况。

系统风险尤其危险。在经济低迷时期，你的收入可能会减少或完全消失，可能会更难找到另一份工作，你的资产可能会缩水，你的伴侣的收入可能也有风险。与你的工作相关的系统风险越大，你就越暴露在风险之下。

为了找出那些美国人面临的最大的系统收入风险，经济学家衡量了自20世纪50年代以来经济起伏时美国人的收入趋势，并且使用了社会保障记录。他们注意到收入和系统风险呈现出U形曲线的关系，这表明系统性风险对收入非常低和收入非常高的员工的影响更为严重，而收入一般的人面临的风险较小。

一旦经济陷入低迷，最低收入者也是最脆弱的人这一点并不出人意料。他们在高 β 值的行业——比如零售业——中工作，这些行业在经济下行的时候往往会崩溃。一个一般规则是，你赚得越多，你就越安全。

但有一个例外：在涉及最高收入者时，这一关系发生了变化。例如，在金融业工作的人赚的钱多到让人感到荒谬，但在经济衰退时，他们也经常会失去工作（你承担的系统风险越大，你的预期收益就越高）。当然，很少有人为他们感到难过。他们的收入非常高，所以可以承担被裁员的后果。相比那些领取最低工资的员工——他们生活在一张薪水支票和下一张薪水支票之间，而且还有在经济低迷期被裁员的风险——前者的日子要好过多了。不过，金融业的高薪至少有一部分是对如下事实的补偿：业内员工的收入对经济情况更加敏感。

如果你在政府工作，你收入的 β 值就很低；无论经济状况如何，收入都相当稳定。在政府工作的高技能人士通常比同样高技能但在私人领域工作的人收入少。这是用更小的系统性收入风险做出的交换。

从一个角度来看，你可以浏览经济数据并得出结论，对大多数美国人来说，就业市场风险较小。在 20 世纪 80 年代，超过 25% 的美国工人就业不到一年。即使就业市场紧张，这个数字如今也徘徊在 20% 左右。这可能是因为我们在岗位上待的时间更长了，因为技术使我们更容易找到合适的岗位，减少了工作失配的特殊风险。但是从系统风险的角度来看，我们面临更难以管理的、更严重的工作风险。

经济焦虑无处不在

普通狗仔队的生计受到出版业发生重大变化的威胁。通过形成不稳定的联盟，摄影师管理了特殊风险。但是更大的、可能消灭他们工作的系统风险更难以管理。他们可以组成一个工会，要求各机构提供更好的条款。但从历史上看，他们很难做到相互合作。担心自己所在的行业不再做得下去的人太多太多，狗仔队更不是唯一的。

相较以往，人们似乎更担心自己经济前景的一个原因是，他们在劳动力市场感受到了更多的系统风险。几十年前，大多数就业风险都是特殊风险：与老板发生冲突，职位不合适，公司管理一团糟。如果你丢了这份工作，你很有可能会找到另一份类似的工作。工人组成工会联合起来，要求更高的薪酬和更好的福利，确信他们的技能是市场所需的。就业市场起伏不定，但风险似乎相对容易管理。

在当今经济体系中，系统风险更加严重。很有可能的是，技术——机器人和人工智能——会接管你的岗位，或至少需要你具备一些你现在没有的技能。如果你在经济衰退期失去了工作，就有可能永远找不到类似的工作。

在狗仔队身上发生的事情，也是对所有人形成威胁的、更大潮流中的一部分。

巴埃斯和我花了几个小时寻找鲍德温夫妇。但一直没找到他们。我们得到的线索并不准确，这对夫妇已经离家前往汉普顿了。这是狗仔队的生活方式：虽然工作了几小时但没有拍到一张可以出售的照片。这是一项风险很高的业务，而且风险越来越高，报酬却越来越少。

我能理解为什么巴埃斯喜欢这项工作，而且在离开这个行业时满怀悲伤。很难描述那种兴奋：你等了好几个小时后，名人终于出现，身材玲珑，光彩照人，戴着巨大的太阳镜，穿着田径服。迎接她的是相机闪光灯的阵阵频闪。狗仔队会追随她，兴奋得喘不过气来。他们随着吉吉走上人行道时，每一步都充满了肾上腺素。他们满意地笑着——只不过大到能遮住他们脸的相机将笑容挡住了，使你几乎看不到。

规则 2
赌注很高时,如何保持理性

我们想要相信自己是理性的人。大多数情况下,我们是理性的。但要见证我们的非理性,最明显的场合就是在我们做出冒险决定的时候。这是人性在作怪。有时我们做出了选择,但随后就会懊恼。不要害怕,你可以了解非理性起作用的基础,什么可能会触发它,以及如何避免这些陷阱,从而做出更好的决策。

我们对损失与收益的感觉会让我们做出在经济学家看来是非理性的决定。例如,如果我们赌博时输了钱,我们应该转身就走。但我们不愿意接受损失,于是我们继续赌博。每天都赌博的人——职业赌徒和交易员——已经学会了克服对损失的厌恶。在第六章中,我们将探讨他们的行为。

在第七章中,我们将研究如何看待风险。我们很少被冷冰冰的理性数据打动。风险认知最终取决于数据如何呈现给我们。这对我们做出的决策可能产生巨大的影响,并让商家和政策制定者拥有巨大的力量,对我们如何表现、如何承担风险加以操纵。用一种不同的方式去理解风险,能让我们在任何经济交易中都有更强大的力量。

通过了解自己如何评估风险,以及你对潜在损失的自然反应,你可以做出更好的风险决策。

第六章

展望理论：回归理性

胜利是短暂的。失败是永恒的。

——比利·简·金

没人愿意遭受损失，那种感觉很糟糕。如果我们面临风险，避免损失的渴望会让我们完全不按照金融经济预测我们应该怎么做的方式行事。这种行为有时意味着我们会做出后悔不已的决定，然后损失得更多。但如果我们在陷入风险之时，有了更多的知识和经验储备，就能改善行为，即使我们仍然厌恶损失。

让我们认识一下职业扑克选手菲尔·赫尔穆特。他的成功在于他克服了自己的情绪。他花了数年时间学习特定的技巧来控制自己的行为。在重要场合，他学会了保持理智，控制自己，之后才会大爆发……

职场礼仪通常要求特定程度的文明。在竞争领域，它要求你成为一个优雅的失败者。失败很难过，特别是你体内肾上腺素还在喷涌而你却必须咬紧牙关去和对手握手，祝贺他们取得了来之不易的胜利。

赫尔穆特对这些细节毫无耐心。如果他输了扑克锦标赛，就会发脾气。他从桌子上站起身，来回走动，大声咒骂，侮辱赢家的智力水平（特别是在他的对手只是业余选手的时候）。公平地说，他将最严厉的批评留给自己。他走动的时候会喃喃自语，重温每一手牌，回忆他是怎么打的、他放弃了什么，思考如何能做到更好，以赢下那个"连'扑克'这个词都不会写的"蠢货。

赫尔穆特配得上他的名号——他甚至用自己在圈内的绰号"扑克小子"（Poker Brat）作为自传的书名。你可以在YouTube（优兔）上查看他崩盘时刻的混剪。他发脾气最臭名昭著的一次是在2004年冠军赛中以微弱劣势输给了安妮·杜克的时候。冠军赛是一场仅限受邀才能参加的世界扑克系列赛，只有10名顶尖玩家参赛。冠军可以赢得200万美元（第二名没有奖金）。击败其他对手后，赫尔穆特和杜克暗地里达成协议：每人带走75万美元，这样他们可以确保都有奖金。他们回到赛场，为剩下的50万美元展开争夺。杜克赢了，而赫尔穆特失控了，他来回踱步，大喊大叫地咒骂着。他在《扑克小子》一书中这样回忆他这次发脾气，并承认这和他其他场次的发火不同：

> 在我出现在摄像机前的那个时刻，我生平唯一一次失控了。让我伤心的是，其他场次的爆发、那些在YouTube上有数千万次点击的视频，都拍的是我实实在在地失控了。别误会，我输了后真的是疯了。但是75万美元的收入早就缓和了

这一打击。我这一次发脾气的确有些夸张,但这对电视节目有好处。哈拉很欣赏我发脾气,ESPN(娱乐与体育节目电视网)也是如此,因为2004年冠军赛的收视率飙升!

赫尔穆特说他有多动症,要不断努力才能集中注意力,而且很情绪化。与他谈话时,我发现他脾气暴躁,很容易对我表达他的沮丧。对扑克玩家来说,这样的品质通常对他很不利。

赫尔穆特告诉我,他知道要有良好的发挥,关键是耐心和控制,但他对此的解释与你想象的不同。他向我解释了一种高度自律的打牌风格:"扑克玩得好意味着只打手牌轮次的12%。如果超过30%,你就没法赢钱;如果你每把都玩,你100%每天都会破产。"

对在线扑克游戏进行的研究做出的估计是,大多数人比赫尔穆特玩了更多手的扑克。他们拿到牌后,玩下去的比例在25%~50%。赫尔穆特的成功来自他有能力克服他的情绪——在扑克界称为"倾斜"(tilt),选择正确的一手玩下去。

伟大的扑克玩家不仅有耐心,而且冷静、镇定,了解周围的其他人以及他们如何处理信息。考虑到赫尔穆特不稳定的天性,他是公认的世界最强玩家之一,这一点非常引人注目。他总共赢得了15条世界扑克系列赛的金手链,有着创纪录的胜场,他告诉我他的身价超过了2 000万美元。

对　冲

如何控制情绪

　　1986年，赫尔穆特给他住在威斯康星州麦迪逊市的父母打电话，宣布要从大学辍学，专业玩扑克。他的父亲——有多个学位，并从事学术工作——一点也开心不起来。赫尔穆特的职业生涯起步并不顺利，仅仅5个月之后，他的口袋里就只剩下47美分了。他从拉斯维加斯给父母打电话——而且是对方付费——求他们给点钱让他飞回家。他的父亲差点就不想接电话，最后他的母亲给了钱，并说清楚这是最后一次。

　　仅仅3年后，在父亲的注视下，赫尔穆特盯着约翰尼·陈——穿着斐乐连衣裤的上届冠军，在一场不设上限的德州扑克比赛中赢得了他的第一个世界扑克系列赛冠军。

　　职业扑克世界是一种独特的亚文化，有特殊的服装和行话，在圈外人看来很陌生。痴迷于它的粉丝会花费数小时在电视上或现场观看比赛，他们全神贯注于统计数据，并对参赛者和比赛下注。赢得扑克比赛可以归结为运气和技巧。运气是拿到一手好牌；技巧是知道如何以及何时下注，并有自律能力以及推断其他选手在做什么的能力。

　　赫尔穆特很早就意识到，要想成功就必须克服他天生的情绪："我想这一切意味着，如果我想在扑克比赛中获得胜利，就需要有僧侣一般的自律。我需要坚持不懈地锻炼耐心，不允许负面情绪影响我的心境。"

他从字面意义来理解"僧侣"。在获得第一次世界扑克系列赛胜利之前，他戒酒、禁欲。控制自己的情绪是一场持续的战斗。他有时会在打牌时冲动、被对方欺骗，并为他犯的错误而自责。他的财富也经历了巨大波动，在一场比赛中赢了数十万美元，但在下一场又几乎输个精光。

控制自己的情绪是非常消耗体力的；在早期的扑克锦标赛中，他甚至因为疲惫而晕厥。对赫尔穆特来说，自我控制是一场艰难的持续斗争，但经过这么多年，他承认控制冲动已经越来越容易了。他有时仍然会失去理智，但他已经下定决心成为在压力下承担风险的高手。这背后是一个深思熟虑的策略在起作用：赫尔穆特不光克服了自己的行为怪癖，而且将其转化为一个成功的品牌。

我们为什么厌恶风险

在气质和职业选择方面，赫尔穆特都是一个极端的例子。但如果他能圆满成功，任何人都应该能，因为他就像所有人一样，在面临风险时容易做出相同的行为。

在谈及风险时，我们如果让情绪影响自己的决策（我们都会这样做），那么我们可能无法准确评估面临的风险，或者在没有明确的目标时就一头往前冲。但即使我们对目标有坚定的把握，所有风险都清楚地呈现给我们，我们仍然会做出不符合自己最佳利益的选择。

在我们计算风险时,理性的估算方法是考虑所有的可能性,并根据它们的发生概率来进行评估。如果这些机会加起来是我们想要的东西,那么就值得冒险。但我们不是冷冰冰的理性的数字计算器。我们对某些事情注入了情感价值。

假设你要决定是否和某个在 Tinder(手机交友软件)上遇到的人约会。根据你丰富的约会经验,你认为这次约会将完全失败的可能性为 5%。进行这次约会时,你会听到某些具有政治动机的阴谋论,穿插着对你年龄和长相的微妙讥讽。你的约会有 60% 的可能性会进行得很好,但不会有化学反应,而只有尴尬和紧张的对话。有 30% 的可能性你们彼此倾心,足以让你们约会 3 个月,然后分手并对此无动于衷。还有 5% 的可能性,约会是美妙的,你回家时会认为找到了生命中的真爱。

决定是否继续约会的不仅仅是 35% 的好结果与 65% 的坏结果。如果你这样看待约会,你就永远不会走出家门。

我们为每种潜在的结果都赋予了强烈的情感。我们对每种可能性有怎样的感受或者有多珍视,就是经济学家所说的效用。美好关系的前景给了我们很大的乐趣,或者说很多效用。因此哪怕约会可能很糟糕,我们还是愿意赴约。

在约会的例子中,乐观主义让我们离开了沙发。为了找到爱情,我们愿意冒险,承担出现比不好不坏的结果更糟糕的结果的风险。但是在谈到生活中的大多数决定时,我们经常更加看重不良后果。

18 世纪的科学家丹尼尔·伯努利(第四章中提及的雅各布·伯努利的侄子——伯努利家族真的是一个令人印象深刻而且十分出众的家族!)得出结论,认为当我们做一个有风险的决定并权衡不同的可能性时,我们对每个结果的感受——而不仅仅是其价值(哪怕它是金钱)——是很重要的。在大多数情况下,像伯努利这样的经济学家认为,如果我们得到更多的金钱后,我们对金钱赋予的价值就会降低。1 000 美元对百万富翁来说不算什么,但对低收入人群来说,就是一笔巨款。金钱的效用递减解释了人们为什么厌恶风险。他们更喜欢确定性,而不是风险。

假设你要进行一个博弈:

A:肯定能拿 45 美元;

B:50% 的概率拿 100 美元或 50% 的概率什么也拿不到。

如果计算中不考虑情绪,那么两个选项的期望值是:

A = 45 美元;

B = 0.5 × 100 美元 + 0.5 × 0 美元 = 50 美元。

冒险在大部分时候会有回报。但经济学家认为,一旦考虑到人们对每次递增的金钱数量所赋予的价值,确定的结果更具吸引力,而且大多数人都会选择拿 45 美元。如果我们能够有确定性的担保而不用冒险,我们会拿更少的钱——因为我们厌恶风险。

厌恶风险是低风险资产提供较低回报的原因。风险更大的资产有可能给出更高的回报，因为它需要补偿投资者承担的风险。这就是一个单纯的无风险银行账户几乎没有利息，但由许多股票组成的共同基金通常每年有额外 5% 回报的原因。

经济学家认为，我们不仅厌恶金钱上的风险，而且也厌恶生活中大多数事情的风险。我们提早出发去机场，我们不让孩子独自从学校走回家，我们会更喜欢大公司里的稳定工作而不是去一家初创公司上班，等等。经济学家也认为在回避风险方面我们是一贯的，我们总是喜欢确定性，而不是去博弈。①

但那不是全部。有时我们会做出与这个简单的叙述相冲突的决定。在 20 世纪，两位心理学家阿莫斯·特沃斯基和丹尼尔·卡尼曼引入了他们的展望理论（Prospect Theory），震惊了经济学界和心理学界。展望理论认为，当我们权衡不同的选择时，我们赋予其价值的高低取决于我们开始时有多少钱，以及是否有损失的可能性。人类不仅厌恶风险，而且更厌恶失去任何东西——从 20 美元的钞票到免费的 T 恤。

这是另一个例子：业余扑克玩家鲍勃的总财富是 100 万美元。菲尔的总财富是 1 000 万美元。两人都要进行一次会改变他们净资产的赌博：

A：50% 的可能性以 100 万美元告终，或 50% 的可能性以

---

① 假定这两个选择给出相似的预期回报。

1 000万美元告终；

B：肯定以500万美元告终。

卡尼曼和特沃斯基认为，鲍勃会乐意接受选项B，因为：

A：鲍勃有50%的机会什么都得不到，有50%的机会10倍地增加他的财富；

B：有100%的机会5倍地增加他的财富。

就像伯努利预测的那样，如果鲍勃确定可以拿到500万美元，再多500万美元的递增价值就不够高，不值得去冒险。面对这个收益可能性的选项，他是厌恶风险的。

但是，当拥有鲍勃10倍财富的菲尔面对同样的博弈时，他的看法就不一样了。从菲尔的角度来看，他的选择是：

A：有50%的机会失去900万美元，或50%的机会没有任何损失；

B：有100%的机会失去一半的净资产。

面对确定有损失的可能性和50%没有任何损失的可能性，菲尔将接受风险博弈。展望理论认为，面对有损失的情形，人类会寻求冒险，或者说愿意冒遭受更大损失的风险而不是追求确定性。

在展望理论出现之前，经济学家认为人们在任何时候都是风险规避者。但在上面的情形中，鲍勃是厌恶风险的，因为他只会赚钱；菲尔会寻求风险，因为他的大部分选择都涉及损失而没有一个选择会带来收益。参考点，或者说我们一开始的起点在哪里，决定了我们如何看待风险选择以及我们可能会怎么做。

很难说展望理论做出的预测是否总是导致错误的决定。与古典经济学家预测的结果不同并不一定好，也并不一定坏。你可以想象一个场景，而在此场景中根据你的参考点来看待风险是有道理的。我不知道失去500万美元并只剩下500万美元会是什么情况。但我可以想象它会让菲尔非常焦虑，并带来其生活方式的重大变化。相比鲍勃，菲尔有500万美元时的感觉肯定更糟糕。甚至古典经济学也认为，富而后贫是更糟糕的，甚至比从来没有富过还要糟糕。

损失厌恶的一个延伸结果，通常会导致不必要的冒险，使我们遭受比我们通常能容忍的更大的损失，这称为"盈亏平衡效应"（breakeven effect）。它首先由行为经济学家理查德·塞勒和埃里克·约翰逊发现。他们认为，当我们赔钱但马上有机会赢回来甚至赚钱的时候，我们不仅会承担更多风险，而且会承担大得多的风险，而将自身置于更大的损失之下。如果我们想避免损失，更好的方法是一走了之。盈亏平衡效应解释了为什么你确信你在下一手21点牌、在老虎机中投入的下一个硬币会让你保本或者赢回你的钱，甚至还能赚一点。

假设你正在玩一副扑克牌，手上有500美元。看到你的牌后，你必须决定是下500美元的注赢下池子里的800美元，还是不玩这一把。如果你认为赢得800美元和输掉500美元的可能性都是50%，你不跟进的可能更大。因为如展望理论所预测的那样，损失 500 美元的痛苦要比赢得 800 美元的喜悦多得多。

但是，如果你面临相同的赌注，而且上一轮刚刚输了 500 美元，盈亏平衡效应的预测是你会下注。现在的选项是赢回你损失的金钱（再加 300 美元），或输掉更多——也就是 1 000 美元。该理论预测，在输掉很多后，你对进一步的损失就没有那么敏感了。

盈亏平衡效应的作用：在线扑克的世界

那么，菲尔·赫尔穆特决定玩哪一手的保守策略看似具有革命性。他在看到盈亏平衡效应在高赌注的扑克游戏中摧毁了那么多玩家后，发展出了自己的哲学。"一般来说，在那种特定场合，因为不想退出而再跟赌，最后输掉的情况是人的天性。"他对我说，"不少了不起的职业选手在手气不好的时候会赌一把，玩他们不该玩的牌，（认为）他们（如果）依靠（自己的）技术可以爬出来。这么做也许有 30% 的可能会行得通。"

赫尔穆特见识过玩家玩得激进的时候有运气相伴。这使他们相信，如果他们在手气不好的时候一直这么玩，就会赢回自己的钱。大部分时候——他的估计是 70%——这不会成功，他们只会输得更多。赫尔穆特将他的成功归结于他没有落入这个陷阱。

波莫纳学院的经济学家研究在线扑克室的行为后注意到同

样的事情。玩家在这些线上扑克室中玩德州扑克。他们记录了 2008 年 1—5 月，1 609 名玩家的 50 多万手牌。他们研究的案例是，某位玩家赢了或输了 1 000 美元后，接下来的 12 轮牌会怎么玩。

经济学家得出统计结论，相较于获胜后，在输钱后有约 2/3 的玩家会不愿意停止，在游戏中更有可能加注而继续玩下去。这一模式对所有牌桌都适用，不论牌桌上有多少人。这一结果在涉及侵略性——也就是某玩家加注有多频繁——时甚至更明显。大部分人在输钱后会更具侵略性。

后来对在线扑克玩家进行的研究发现了类似的结果。玩家在手气不好的时候会冒更大的险；而在手气好的时候会更谨慎，只在不到 20% 的时间里下注。研究人员还注意到，更有经验的游戏玩家——如赫尔穆特这样的人（他只在 12% 的时间里下注）能摆脱这种模式，玩的时候不论输赢，都能保持一贯的理智镇定。

不理性会怎么样

早上遭受亏损的芝加哥期货交易所的债券交易员相较于早上赚钱的交易员，在下午冒更大风险的可能性高出 15.5%。虽然过于激进的交易有可能对交易价格产生一些影响，但不带偏见的交易员进行的更理性的交易会抵消交易时间结束时出现的价格差异。

第六章
展望理论：回归理性

但其他的金融案例表明，展望理论有时会影响市场——想想看，人们不怎么愿意卖出一只正在下跌的股票，而更愿意卖出一只正在上涨的股票。尽管上涨的股票更可能继续上涨，但我们对遭受损失的厌恶意味着我们更有可能卖掉上涨的股票而不是下跌的股票。

人类在做出风险选择时是不一致的，所有经济学家都同意这一点，但许多人并不相信它真正地反映在股票价格上，或对市场产生有意义的影响。毕竟，肯定有人认为，压制自己的偏见而利用别人的偏见是有利可图的，比如赫尔穆特在扑克比赛中所做的那样。何况，现在更多的交易是由计算机程序驱动的，所以不会那么情绪化，市场可能比以往更理性了。

人们在冒险时是理性的这一假设，是一个无害的、简化了的假设，还是一个重大的盲点？学者对此的争论很激烈。而因为每篇论文都很难给出决定性的证明，所以这场争论可能永远不会结束。每个人都同意的一件事是，更多的意识和教育可以改变我们的行为，并让我们有能力做出更好的风险决策。

研究表明，在进行风险决策时有更多经验的人——如菲尔·赫尔穆特这样的人，不怎么倾向于规避损失。经验和教育可以改变我们承担风险的方式。我们见识过越多风险、与风险打交道越多，我们就越能更好地处理风险。但我们的天生偏见永远存在。要克服的话，有时只要自控就够了。

对　冲

如何像扑克冠军那样去冒险

要在玩扑克时或者任何风险情况下取得成功，你一定不能在失败时太感情用事或太激进。你可以为自己制定规则避免这种行为。例如，向自己承诺，如果输了 100 美元后就离开赌局。但要意识到的是，很难坚守原则——特别是当情绪高涨，而你认为下一手牌会赢回所有输了的钱的时候。

你还可以磨炼所需的技能，以便在真正重要的时刻保持冷静，等待正确的那手牌。这就是菲尔·赫尔穆特——虽然因他的崩溃而名声在外——能成功地当上扑克冠军的方法。尽管有 30 年的打职业扑克的经验，赫尔穆特仍然在和他的"倾斜"斗争。以下是他用来保持情绪受控的策略，为的是做出可能情况下最好的决策，增加赢钱的可能性。

绝不要把太多自己的钱放进赌注

赫尔穆特有一个坚定的规则，无论何时他参加锦标赛，他个人的赌注从来不会超过 10 000 美元。他经常参加高赌注的扑克锦标赛，其中的最低下注额是几千美元。在他 20 多岁的时候，他艰难地学到了这一点。当时，他一开始有着良好的意图，要限制他的资金（他的下注预算）。但输了之后，最终他会比计划中赌得更多，因为他认为可以赢回他的损失。

尽管有这些坏习惯，但在 30 多岁的时候，赫尔穆特已经相当富有了。他开始注意到和他同龄的玩家面临的风险：虽然他们有赢钱所需的技能，但有可能因过于自信输掉一切。赫尔穆特决定，如果他的身价掉到只有100万美元，他就会限制他可能输钱的数目。从那以后，他参加那些大型比赛时都有"跟庄"（也就是局外的投资者为你筹集资金参赛，获胜后与投资者分享获得的奖金）。

这意味着赫尔穆特仍然可以赢大钱，但不会损失太多。跟庄也让他在输钱的时候不会太绝望，因为最坏情况只是损失了自己净资产的一小部分。当被问及限制损失是怎样防止他冒太大的风险时，赫尔穆特说："我从未经历过糟糕的一天——我已经因为不喜欢输钱而很恼怒了。"他是我们其他人走向极端后的一个例子。

我们大多数人都不认识能为我们的赌注进行资助的人。但从赫尔穆特那里我们可以学到一课。他放弃了一部分可能获得的奖金，以规避他可能损失太多的风险。我们都可以这么做，方法是降低我们冒的风险（也称为对冲）。我们在第九章中会详细讨论对冲。它可以是用债券来平衡股票组合，或者是不会因为有了更高的薪水而放弃公司的股票期权。原则是一样的：当你可损失的利益较少的时候，就更能保持理性。

消除极端下跌风险

赫尔穆特的自传用详尽的细节描述了他参加过的每一场重

要扑克比赛里的每一手牌。对一位不那么热情的扑克迷来说，他和其他玩家达成的场外交易是最吸引人的。在比赛的关键时刻，他和别的玩家经常会暂停一下，取下麦克风一起走出去。在场外，他们同意分享奖金，但仍然为赢家提供一些额外的好处，正如他和安妮·杜克在2004年的冠军赛时所做的那样。

一开始跟庄的资金再加上有保证的收入（无论输赢），可以让赫尔穆特保持专注。他不会恐慌或在玩的时候过于激进，因为他可以确定不会有重大损失。

日常生活中，我们可以仿照赫尔穆特的例子，方法是购买保险。第十章将会解释保险的好处。赫尔穆特在达成场外交易的时候，本质上是为输掉比赛买保险。因为如果他输了，他会得到一笔钱；如果他赢了，他会得到更多的钱。我们可以为万一我们的房子被烧毁、我们被抢劫或者发生车祸等情况购买保险。就像赫尔穆特的策略一样，它让我们心境平和，因为损失的代价减少了。

提醒自己"这不过是好多手牌里的其中一手罢了"

赫尔穆特实践了行为主义者所谓的"宽框架"（broad framing）：他在玩一手牌或者弃一手牌的时候，永远不会感到有压力——哪怕他输了钱，因为他提醒自己这不过是好多手牌中的一手罢了。他不仅在权衡赢下手上这一手牌的概率，而且在考虑这一手牌在整场比赛或锦标赛中起的作用。

由于赫尔穆特参加的比赛通常要持续八个多小时,所以在他输钱的时候,他很容易失去洞察力而在一手牌上冒很大风险以求赢回损失。但他随后提醒自己,要把每一手牌当成更大游戏中的一部分来看待。

将宽框架视为做出的长远打算。例如,你不应该太频繁地看你的股票投资组合。如果你在做长远投资,市场表现糟糕的一天,甚至是糟糕的几个月,都只是一个小点。现在不是出售股票的时候。将单一的风险决策作为更大博弈的一部分来参照,能帮助你清楚地思考,避免对暂时损失做出过度反应。

避免过度自信以保持专注

赫尔穆特显然为他的成功感到自豪。但只要谈到扑克,他就会抓住每一个机会来保持谦虚。他说,这能帮助他保持专注。不管你技巧多么高,游戏中都可能发生任何事情。在你手顺的时候,你仍然有可能输掉一切。

在取得一系列重大胜利之后,我与赫尔穆特交谈过。他在大型锦标赛中击败了顶级对手并获得了很多赞誉,但有一个著名的扑克玩家发推文说,赫尔穆特被高估了。赫尔穆特没有为自己辩护,而是要求这位对手列出比赫尔穆特更优秀的40名玩家。赫尔穆特的解释是:"有这样一个质疑我而且不给任何承认的声音——有时我会利用来自质疑者的能量——会激励我。"

赫尔穆特说,过度自信会导致他冒不必要的风险,玩不应该玩的牌——只因为他对自己的技能过于有信心。这也导致他无法专注,但保持专注是赢得扑克锦标赛或处理我们选择承担的风险的关键。

当然,决定成为职业扑克玩家,从一开始就是有风险的——特别是如果它还涉及从大学退学的话。做出这种决定需要很强的乐观精神。过度自信对赫尔穆特来说是自然而然的,他说这会影响他的比赛。

我们大多数人都没有这样的魄力去刻意追求来自推特的批评,但赫尔穆特的策略说明,为什么我们要追求不同的观点,为什么对那些与我们的见解不总是一致的人,要用开放的心态去建立友谊。避免群体思维的方法是,组成一个团队,团队成员会从不同的角度来处理问题,或者试试和那些不一定和你有相同观点的人进行公民间的政治讨论。这种策略可以让你更加清晰地意识到你应该保护自己免受下跌风险,以便你可以更清晰地了解这样的风险。

赫尔穆特的例子告诉我们,要有足够的信心去冒险——成为一名职业扑克玩家或为初创公司工作,但只要做出决定,就要采取进一步规避风险的态度:不要被动地对损失做出反应,在冒险时应用风险管理策略并保持一贯的理智,这样你永远不会失去太多,可以保持对成功的专注。

第七章

风险的错误认识：心存侥幸

诗人应该偏好那些有可能发生的不可能，而不是不可能发生的可能。

——亚里士多德

强力球彩票是史上奖金最高的彩票，所有人都为之疯狂。你在便利店排队结账时，会看到"如果你不买，也就不会赢"的标语，于是就买了一张彩票。

买彩票并不会增加你成功的概率，至少不是以某种有意义的方式。在数学上，亿万分之一的彩票中奖概率和零几乎没有差别，也没有任何意义。但感觉上并非如此。买彩票创造了成功的可能性，而哪怕这种可能性低得可怜，我们对此也给予了很大的关注。

明智而理性的风险估算不会对如此不可能的事件加以关注。如果你像金融经济学家一样思考，那么你对赢下大奖的关注应该等于你真的赢下大奖的概率。但没有人会这么做，这就是这么多人买彩票的原因。我们知道真正的概率是亿万分之一，但我们的所作所为就像是这个概率对我们青睐有加一样。

我们如何看待概率，通常归结到数据以怎样的方式呈现给我们。你购买彩票的收银台边上的标语——"如果你不买，也就不会赢"——在你的想法中植入了赢的可能性，让你觉得很有可能中奖。如果标语写成"你没能中奖的概率大得很"，我们可能就不会买彩票了。

彩票只是一个例子，说明我们会假定存在比我们实际所知更高的概率。我们做出冒险的决定时，理性的做法是根据每个结果实际发生的概率为它们分配权重，进而评估风险。然而，我们实际面临的概率和我们做出决定时假定的概率通常情况下并不匹配。

在买彩票的例子中，我们会假设有更好的机会。而在其他时候，我们却低估了事情会发生的可能性。犯罪就是一个出现重大风险误算的例子。人们出于众多不同的原因而犯罪——绝望、对暴力的渴望而产生的不良意图、贪婪、年轻的冲动、缺少合法的机会来谋生等。但所有的罪犯——从18岁的毒贩到55岁的内幕交易员——都有一个共同的特性：即使他们很可能被抓住，他们也认为自己不会被抓住。

如果你在20世纪70和80年代生活在纽约地区，那你很可能记得"疯狂的埃迪"（Crazy Eddie）。这是一个由埃迪·安塔尔和他的表弟及父亲一起开办的电器连锁店。你记得它是因为它无处不在的广告。广告的特色是，请了语速极快的本地电台DJ（打碟者）杰里·卡罗尔博士来为廉价的电器产品高声宣传，

第七章
风险的错误认识：心存侥幸

最后以"疯狂的埃迪，它的价格真的是疯……疯……疯……了"结束。这段广告成为文化标杆，在《周六晚现场》上被人模仿，还出现在汤姆·汉克斯主演的电影《现代美人鱼》中。

事实证明，"疯狂的埃迪"不过是一个大型家族犯罪团伙用来掩人耳目的场所。这些商店出售廉价电子产品，但它们赚的钱大部分都是通过低报销售额、逃避所得税并将营业税收入囊中取得的。这些手段使安塔尔家族赚了不少钱，大约有700万美元。但他们想要更多。

开业两年后，埃迪给他14岁的堂弟山姆·安塔尔安排了一份理货员的工作。山姆告诉我："我是家里的'书呆子'。我12岁时就开始读《华尔街日报》了，而其他人还在看漫画。家族发现了一个可以培养的人才。"埃迪为表弟付钱去上大学，并让他学习会计学，为的是有一天让表弟成为更大型欺诈计划背后的大脑。"他们付钱让我上大学。想象一下，还真的有人付钱让你去上学，而且你获得了经济学博士学位。"

我告诉他也有人付钱让我读博士学位，因为大学通常会给研究生付工资。他笑了，"那不错啊。我拿到的博士学位是用来行骗犯罪的"。

疯狂的犯罪

1979年完成大学学业后，山姆·安塔尔召集家人，说出了他的计划:要让"疯狂的埃迪"上市,也就是在股票市场上出售他们拥有的电器连锁店的股份。准备 IPO(首次公开募股)需要几年的时间;IPO 价格越高,安塔尔家族就能拿到越多的钱。所以在 IPO 的准备阶段,他们开始公布越来越高的部分实际收入并支付更多所欠的税款,因为这可以使商店看起来更有利润。利润的增长会吸引投资者并抬升股价。

经营一个逃税的企业是有风险的。但这样的企业上市将更具有另一个层面的风险。上市会带来更多官方的监管,而一旦外部人士拥有了公司的大部分股份,安塔尔家族的控制权就会被削弱。我的问题是,1979 年决定命运的那一晚,安塔尔家族是否讨论过这些风险。山姆解释了他们为什么没这么做:

> 从 1969 年以来,我们一直是一个犯罪企业,我从 1971 年开始成为其中的一员。到了 1979 年,经历那么多年的成功之后,我没有理由认为我不会成功。我将采取措施并在之前成功的基础上更进一步。这给了我犯罪的自信。渐渐地,我越来越有信心。它帮我达到更高的水平。

山姆当时正为审计公司工作,所以知道会计上的所有技巧,也知道如何误导审计人员。家族认为他很聪明,可以领先审计师和官方一步。在很长一段时间里,他做到了。他聘用了年轻、有魅力的女性担任办公室职员,以此来分散大多数男性审计员

第七章
风险的错误认识：心存侥幸

的注意力。

但是，令人震惊的是，安塔尔家族认为他们可以运作这样一个大骗局，而且永远不会被抓住。用那 10 年里最让人记得住的广告电波进行轰炸也是他们集体谵妄的一部分。如果你正进行大规模的欺诈行为，保持低调可能是更谨慎的做法。

1984 年，该股票上市并以每股 8 美元的价格出售。随着利润似乎在增长，连锁店的规模和股价也在增长。

在巅峰时期，"疯狂的埃迪"拥有 43 家商店，并报告了 3.53 亿美元的销售额。但在纸面上，它还要更赚钱，这源于安塔尔家族的操纵。这家人不断出售他们的股票，总共套现 6 000 多万美元。

但随着业务的平稳发展，压力也越来越大；电子产品零售不再像以前那样有利可图。于是安塔尔家族加大了他们的犯罪规模和力度。他们从 20 世纪 70 年代开始洗钱，将钱存在一家海外银行中，而后通过巴拿马将这些钱汇回美国，用来虚增销售额。但讽刺的是，最终他们支付了所逃掉的全部税款——但这么做是值得的，因为他们可以出售他们的股票而获得更多的钱。

经营状况继续恶化。在 1987 财政年度，"疯狂的埃迪"报告的利润为 2 060 万美元，但实际上亏损了数百万元。发财让家族团结在一起，但随着财富渐渐耗尽，家族关系开始紧张。埃迪怪罪他父亲向自己的妻子告密说他有个情妇。家庭内斗的谣言和电子市场增长减速让投资者担心。"疯狂的埃迪"的股价从每股 21.65 美元降至每股 5 美元左右。安塔尔家族还持有的"疯狂的埃迪"的股票——现在只有 5%——几乎一文不值。低廉的价格意味着"疯狂的埃迪"很容易受到某些人的控制,这些人会购买大部分股票,从而接管公司业务并揭露安塔尔家族的欺诈行为。

安塔尔家族试图回购大部分公司股票,但他们无法获得融资,而且有人出价更高。另一位投资者击败了他们,并很快赶走了安塔尔家族。大约两周后,新主人发现"疯狂的埃迪"的库存多报了 6 500 万美元。骗局到此为止。

埃迪逃到以色列,但在那里被捕。山姆背叛了家人,开始与联邦调查局和美国证券交易委员会合作,为"疯狂的埃迪"的股票欺诈立案。他交了罚款并在被监禁 6 个月后脱身。埃迪被判处 8 年徒刑,再也没有和山姆说过话,并于 2016 年"在痛苦中死去"。

除了山姆·安塔尔之外,我花了不少时间在财富协会(Fortune Society)与那些最近出狱的人进行交谈。财富协会是一个成立于纽约皇后区的非营利机构,帮助从监狱出来的人重新融入社会。成员中大多数人缺乏山姆·安塔尔拥有过的教育和财富,但他们同样有着从罪行中脱身的过度自信。在其居住的社区中,他们有很多朋友和亲戚都进了监狱,所以我问他们是否认为他们有一天也会被抓住。所有人都表达了同样的意思,只是表述不同;正如其中一个人所说:"不会。我觉得我比那些人聪明。"

鉴于其工作性质，大多数罪犯往往都会考虑风险管理。和我聊天的有犯罪前科的人都自豪地向我提及他们的对冲策略。然而，当我们想到罪犯时，通常不会联想到谨慎的冒险者。这可能是因为，做出犯罪的决定首先就是一个风险极高的选择。然而，人们每天都做出这样的选择，很大程度上是因为被抓住的可能性通常远大于罪犯实际被抓的概率。

在理解概率方面，我们都做得很糟糕

虽然你可能还没决定是否要让一个巨大的股票欺诈继续下去，但肯定有时候低估了某个风险没有得到回报的可能性。这可能是一个目标很大但机会渺茫的决定，比如搬到好莱坞成为电影明星或每个星期都买彩票。我们对某事件——赢得奥斯卡奖或者中彩票——发生的概率会有多大进行预设，就是在对风险进行评估并做出决策。如果我们的评估是错的（而且通常如此），就会破坏深思熟虑的风险分析。

例如，2001年9月11日之后，许多人都害怕乘坐飞机而选择驾车出行。从统计上来说，驾车反而更危险。一项研究估计，"9·11"事件后因为对乘坐飞机的恐惧增加，导致交通死亡人数额外增加了1 600人。我们都知道驾车比乘坐飞机更危险，但不断出现在新闻中的一个特别可怕的飞机失事事件改变了我

对　冲

们对风险的估算。

通常，我们承担巨大风险的理由可以归结到我们如何看待概率。我们搞错概率的最常见方式是：

1. 我们高估了确定性。如果我们这样做，我们甚至不会意识到某个决定其实有着与之相关的风险。假设我们买了房子，我们会认为房价只会上涨；或者人们搬到好莱坞，因为他们相信自己更漂亮或比大多数人更有才华。

    安塔尔家族从未想过他们会被抓住，他们相信山姆总能胜过美国证券交易委员会和美国国税局。我采访的其他罪犯也认为被抓是不太可能发生的。

2. 我们高估了不太可能发生的事件的风险。我们假设一个遥远且可怕的事件比实际更可能发生。这就是为什么很多人即使知道死于车祸的概率更高，仍会更害怕乘坐飞机。飞机失事特别可怕，这就是为什么我们给它预设了更高的发生概率。

3. 我们假设了其实不存在的相关性。在扑克游戏中，拿到几手好牌后，你会认为你很走运而且下一手牌肯定也会好。事实上，你拿到的每一手牌都和你上一手牌没有关系。

    谈到犯罪，侥幸逃脱一次或好多次会让你产生错觉：下一次还能侥幸逃脱。安塔尔家族认为，因为他们能成功地逃税，他们也就能从证券欺诈中脱身。这是错误的想法。

他们早期的成功使他们敢于承担更大的风险而继续欺诈。

4. 我们对非常可能或非常不可能发生的事件给予了太高的权重，但对这两者之间的事件几乎没有给予任何权重。0%和5%概率之间的区别让人感觉很大，因为它增加了可能性。100%和95%之间的区别也让人感觉有意义，因为它创造或消除了风险。但50%和55%之间的差异几乎不影响我们的决策。我们越近乎"肯定"，给予概率的权重就会越高。但从数学理论上来说，5%的增加不管怎样也应该被给予相同的权重。

在5年的时间里，社会学家调查了亚利桑那州马里科帕县以及宾夕法尼亚州费城县成人法庭和未成年人法庭中1 354名因严重违法（几乎全是重罪）而被判刑的青少年。

罪犯被问及他们认为因若干严重违法行为（包括斗殴、持枪抢劫、持械伤人、盗窃等）而被捕的可能性。在整个调查过程中，社会学家跟进并询问少年他们犯了什么罪。如果在做出犯罪的决定时，明智地考虑到被捕的风险会增加，那么被抓的概率每增加1%就使犯罪减少1%。只是人类不会这么简单地思考问题。

这一证据表明，潜在的罪犯不会以线性的方式来思考风险。如果被抓住的概率增加一倍，从10%变成20%，人们还是有可能犯罪。但当概率从85%增加到95%时，同样这10%的提升就会阻止许多年轻人再次犯罪。

我们都曾误读概率。但我们注定不会永远低估或高估风险：我们如何看待事情发生的可能性取决于风险的呈现方式，我们对它的控制比我们意识到的要多。

以概率思考并不是天性

心理学家保罗·斯洛维奇说，定义风险是一种权力的实施。因为我们的大脑并不总是以经济学家期望的方式来看待概率，这为人们留下了歪曲风险认知并改变我们行为的余地。对风险认知进行操控，可以包括各种行为：从我们决定购买什么东西、是否购买不健康的食物、是否会犯罪，到选择看哪部电影。

"如果你不买，也就不会赢"的彩票标语在我们的脑海中种下了一颗种子：赢得大奖是有可能的，尽管它的可能性实在微乎其微。如果谷歌地图告诉我们要花20分钟去上班，这一估算表明了确定性，尽管谷歌没有告诉你，围绕这个数字有一系列确实存在的风险。网飞可能会向你推荐一部艺术类电影，认为你肯定会喜欢，因为你所属的人口统计类别中有60%的人都看了这部电影。卖给你新电视的人在推销延保计划的时候，可能会列出所有可能出错的地方——哪怕这些问题不太可能出现。所有这些微妙的呈现形式会改变我们对实际面临的风险的看法或者让我们对其视而不见。

我们如何沟通风险甚至可以阻止犯罪。多年来，人们认为

第七章
风险的错误认识：心存侥幸

长期监禁的威胁可以阻止犯罪。毕竟，如果你面临多年的刑期，犯罪的负面风险就更加严重：更长的刑期使犯罪风险更大。但经过几十年的强制长刑期判决和辩诉交易——这导致几百万美国人被大规模监禁——实践后，证据表明长期监禁实际上并不能阻止太多犯罪。对正考虑犯罪的人来说，这不是一个有意义的、明显的风险。这些与我交流的有犯罪前科的人即使认识入狱的罪犯，也不会影响他们的决定，因为他们相信自己能逃之夭夭。

证据表明，在街上安排更多警察是一种更有效的犯罪威慑。我们也许会告诉自己，我们不会因犯罪而被抓。但如果一名警察正站在街角，我们就很难相信此时去抢劫一家酒类商店不会被抓。警察的出现越是显眼，就使风险越加真实，就越能引起共鸣；它增加了人们对被捕的感知，到了几乎肯定会被抓的程度，虽然实际受到怎样的惩罚还不确定。山姆·安塔尔告诉我，他仍然在努力远离犯罪。他说，和美国证券交易委员会一起工作时，遵守法律是最容易的，他们会看着他做一切事情。

需要特别提醒的是，不是所有的警方工作都是如此，某些战术比其他战术更有效。尽管并没有令人信服的证据表明，破窗执法（以轻罪为由逮捕人）和"盘查"（喝令平民并搜查他们是否携带武器）这两种方式对阻止犯罪有什么意义——反倒会引发了人们对警务伦理的质疑。但研究已经表明，在高犯罪率地区或热点地区部署警察可以对这些区域（通常是目标区域）的犯罪起到抑制作用。社区警务（部署熟悉该地区和居民的警员）也同样有效。

我们看到的还不止这些微妙的（或不那么微妙的）信息。即使是明确的概率也会产生误导。1995年，英国药品安全委员会发出警告，第三代避孕药会使发生血栓的概率加倍而且会100%增加。女性感到害怕：这个数字似乎在暗示所有节育的女性都会患上血栓。许多女性停止服用避孕药，导致了意外怀孕和堕胎的增加。1996年，英格兰和威尔士额外多出了13 000例堕胎。

但100%这个数字具有误导性。该研究实际上说的是，服用第二代避孕药后，在7 000名妇女中有一人患上了血栓。而服用第三代避孕药后，该数字增加到7 000名妇女中有两名。

如何掌控风险

对概率进行精确测量是一项相对现代的发明。人类能评估并定义风险的历史才不过几百年。那么，我们的大脑在进行风险评估时，不会自然而然地遵照金融经济学家和科学家采用的方式也就不奇怪了。

我们做出良好的概率推算的能力归结为风险呈现给我们的方式，但如果有更好的风险意识，我们就不会受到"建议"的太多影响。心理学家格尔德·吉戈伦泽尔对人们如何看待风险进行了研究。他认为，人们可能并不理解概率，但这并不意味着他们不会用概率思考或者不了解风险。他的研究表明，频率——某事实际发生的次数——比概率更能引起共鸣。因为这与人类的方式更为一致，并提供我们理解风险所需的显著性。

回到英国的避孕例子：增加100%的概率听上去接近于确定，但当该信息以频率术语——七千分之一和七千分之二——表示时，真正的风险才更有意义。根据吉戈伦泽尔的调查，如果人们看到的是频率而不是概率，那么往往会做出合理的、理性的决定，并且可以搞清楚概率的意义。他的发现也表明人们能够更好地记住频率而不是概率。

吉戈伦泽尔认为，我们应该像教授阅读或基础数学一样来教授风险和概率课。人类不是天生就会阅读的。我们教授这个技能，是因为它是在现代世界中发挥作用所必需的。他的研究表明，人们可以理解风险。但我们大脑慢慢演变为在特定的环境下理解风险，这就是频率比概率更能引起我们共鸣的原因。如今，环境正在变化，统计学知识和阅读能力一样，都是在现代社会中发挥作用的关键能力。

以概率思考可能不会自然而然发生，但是我们有一种理解风险的未被挖掘的能力，这让我们比以往更加强大。技术有可能改变我们评估和感知风险的方式，并让我们有能力比以往更准确地来认知概率。技术公司收集我们所做的一切数据：看什么电影、买什么东西以及去什么地方等。这些数据可用于估计概率，帮助指导我们进行决策。很快我们就会用最准确的概率来武装自己。今天的进步最终可能变得和费马以及帕斯卡一开始评估风险时所做的工作一样,具有深远的意义。

但如果我们对其加以曲解,所有这些概率估计又能起到什么作用呢?更可怕的是,我们对风险感知的敏感性为技术公司赋予了新的力量:以能改变我们的决策、引起我们的担忧的方式来展现风险的能力。技术公司评估可能性的能力越强,就越能用来教育我们,或操纵我们购买不想要或不需要的东西。

我们可能无法在不久的将来提供风险知识训练,但是现在就可以去理解呈现给我们的数据。对你面临的概率进行解码的一种方法,就是以频率进行思考。听到有30%的概率下雨可能对你来说没有任何含义。它是说一天中有30%的时间下雨,还是说一天中某一时段下雨的可能性有30%?用另一种方式来考虑:相同条件的100天,这100天中有30天在某个时刻下了雨。如果某个朋友的朋友中了彩票,你可能会认为你中彩票的可能性也提高了。这时只要记住,所有你认识的人——包括你自己,他们每个星期都在买彩票但从来没有中过。

社会的现代化意味着我们面临的挑战是:需要具备不是天生就有的技能。在数据驱动时代,我们有能力预测某部电影会受欢迎的概率、一份工作会不错的概率,或者某次犯罪会让我们锒铛入狱的概率。虽然我们大多数人都没有接受过理解这些概率的培训,但这并不意味着我们不可以学会使用频率来思考概率。

规则 3
为风险投资谋求最大回报

你永远不可能不付出就得到回报。这同样适用于风险。风险是我们为获得更多而付出的代价。而且，就像生活中任何事情一样，没有理由为一件东西付出比你不得不付出的更多。

当我们做出冒险的决定时——换工作、买房子、相亲等，一般来说，更大的回报可能伴随着更大的风险。但这并不意味着更多的风险总是带来更多的回报。有时我们面临的选择不同，虽然它们给出的回报可能是相同的，但其中一个可能比其他的风险更大。第八章将向你展示如何尽可能少地承担风险，而同时最大化回报。

金融经济学家认为，不必要的风险是低效率的。他们认为你可以通过多样化来提高效率。结果就是得到相同的或者更大的回报，但风险较小——用风险术语来说，这确实是"好买卖"。

第八章

多样化：在所有错误的地方寻找效率

将所有鸡蛋放在同一个篮子里……篮子的提手就会断。你只能得到一篮碎鸡蛋。

——诺拉·罗伯茨

《曾几何时》(*Remember When*)

获得我们想要的东西要付出的成本就是面临风险。就像任何成本一样，有时我们可以节约成本，少花钱多办事。我们可以通过多样化来消除不必要的风险，或拥有许多不同的资产以避免将我们所有的赌注都下在同一项资产上。在金融经济学之外，这可能意味着和多人约会，或在工作不稳定的时候从事好几份工作。如果你适度地进行多样化，就会得到最接近于免费午餐的东西。也就是说，你可以得到相同或更多的预期回报，但面临较小的风险。

20世纪五六十年代，你可以在降低风险的同时获得相同的预期回报，这种想法是一个重大的启示，改变了整个投资行业。现在，同样的想法正在流行，并可能为其他领域——甚至是你永远不会联想到股票市场的领域——带去多样性，比如肯塔基州乡下的种马场。

对　冲

赛马是一种特殊的生物——一个活生生的、会呼吸的投资方案。就像难以捉摸的股票组合向投资者承诺有财富回报一样，一匹完美融合各种品性的马是赢得一场重要比赛所必需的。冠军马就是要有正确的尺寸，有硕大的心脏和完美的臀部曲线。它要有恰当的性格和赢得比赛的意愿，还要有正确的训练和合适的骑师发掘其潜力。当一切就绪时，这匹赛马跑起来就非常迅捷，它可以在两分钟内跑完 10 弗隆（约 2 000 米）。但赛马的繁殖，就不是那么回事了。

可怜的"挑逗者"

肯塔基州凡尔赛的三个烟囱（Three Chimneys）种马场的繁殖棚可不是什么浪漫的地方。我去拜访的那天，有 4 个人戴着黑色头盔，穿着与之相配的背心站在那里。他们不苟言笑，专注工作。一匹母马或者说母种马从旁边的马厩里被牵了过来。一匹"挑逗者"在那边的马厩让它发了情。"挑逗者"是一匹不那么珍贵的马，可以最大限度地降低因为母种马不愿意交配而踢伤一匹试图与她交配的公种马的风险。在真正交配之前，"挑逗者"会被拉开。①

---

① "挑逗者"每年至少有一次交配的机会，但对象是同样没有价值的母种马。饲养员提供这次机会一方面是出于好意，另一方面也是为了让"挑逗者"有动力去做那份其实无人表示感谢的工作。

第八章
多样化：在所有错误的地方寻找效率

母马①站在棚屋的角落，被控制住，这样它就不会踢到刚进入马厩的公种马。我来见识的就是这匹马中传奇。它的名字叫"军火贩"（Gun Runner），是市场上最热门的公种马。它几个月前才停止比赛，所以仍然肌肉发达、皮肤光亮、身材健硕。它是米克·贾格尔在他全盛时期拥有的马。"军火贩"配一次种要收取高达7万美元的费用。

我不知道期间会发生什么。事实证明，要显得不拘谨也不是那么难。经过一番嗅探，"军火贩"骑到了母马身上，此时一个戴头盔的人把母马的尾巴拉起来，另一个人帮助"军火贩"进入母马的身体。大约3分钟后，"军火贩"跳了起来。之后的一切转向了医学范畴。其中一人冲过来收集"军火贩"流出的精子并带到隔壁房间用显微镜进行观察。我们都看了一眼，精子质量不错——跑得比"军火贩"还要快。戴头盔的人将收集的精子放入注射器，把手臂插入母马体内直到自己的肘部没入，然后注入精子作为一个后备手段。她吁了口气，脱下手套，和我握手。

"军火贩"当天晚些时候还要和另一匹母马交配。给它制订的计划是在那个季节与170匹母马交配，平均一天3匹。

种马市场效率很低

养马的人谈论马匹的方式与狗仔队讨论名人的方式相同，

---
① 母马的主人希望我不要透露母马的名字。

而"军火贩"如今正当红。当我告诉别人我看到它进行交配,他们都赞许地点头。"军火贩"有成功的职业生涯和优良的血统。但它真正令人喜欢的一点是,它是一匹新种马,而炒作意味着金钱。许多赛马育种者都想要"军火贩"的精子……至少现在如此。当明年镇上出现另一匹新种马时,"军火贩"的服务费可能会降一点。但如今它是新来的,未经市场检验,所以有价值。

但"军火贩"远远称不上是最热门的。那天早些时候,我在克莱本农场(Claiborne Farm),见到了"战争前线"(War Front)。我在2018年见到它时,它的配种费高达25万美元;它在2018年为拥有它的财团赚取了2 500万美元。2016年,它和"美国法老"(American Pharoah)一样赚钱。"美国法老"是三皇冠赛的冠军,生活在附近的库尔莫(Coolmore)种马场。①"战争前线"自2007年以来就一直是种马,它的几个后代都有出色的表现——它的孩子可以售出190万美元的高价。

现在,"军火贩"正在靠着它的新鲜度赚钱,但没有人真切知道它是否能够达到"战争前线"那么高的种马层级。至少需要3~4年才能知道它后代的价值。几年后,"军火贩"的孩子会开始参赛,它的费用会飙升或崩盘。这就解释了为什么在2018年它要配种170次:它的主人需要在它还能赚钱的时候尽可能多地赚钱。进行大量的多样化会有一定的价值而且没有成

---

① "美国法老"现在的配种费是保密信息。

第八章
多样化：在所有错误的地方寻找效率

本，"军火贩"和越多的母马交配，培育出一匹好马的概率就越高。我拜访三个烟囱种马场时，由格兰特·威廉森[①]决定哪些母马与"军火贩"交配，他解释说市场回报只与成功后代的原始数量有关，与成功后代的概率无关。因此，如果"军火贩"繁殖出 3 匹成功的后代，它的价格就会飙升——哪怕它还培育出另外 200 匹永远不会参赛的后代。

培育一匹能赢得比赛的马是一次大冒险。这是因为，虽然使一匹马成为良种马的基因池非常有限，但没人真正知道还有什么潜藏在马的基因中，又有怎样的特征得到继承。传统上，在决定交配计划时，所有能确定的信息——这匹马的血统、它的父母和子女赢了多少比赛——决定了配种费。但用获胜的马培育出好赛马的机会并不会大太多。肯塔基大学的经济学家吉尔·斯托研究了种马市场。她的估算是，在她所研究的市场中，支付更高的配种费与较低的赛场收入有相关性。种马市场肯定有什么地方出错了。

养马业就像电影业一样，因为很难预测结果，所以就有动机在短期内降低风险，代价就是有更糟糕的长期后果。这个系统是无效的：配种变得越来越贵，但顶级赛马的比赛用时并没有越来越短。

但这可能会得到改变。数据和科学可能会提供解决方案，

---

① 在我访问后，他离开了三个烟囱种马场。

让育种者利用一种直接来自金融经济学的策略来降低风险。

育种者如何降低风险

培育赛马是一项非常冒险的投资。母种马的子宫价值不菲，还要花11个月才能生出一匹小马驹。一旦它出生，还需要2~3年的培育和培训才能上场比赛。从母马受孕到赛马参赛，总共要花10万美元去培育、培训（不包括配种费）。在赛马上场之前，没人知道这项投资是否会有回报。2018年，在美国总共出生了约20 000匹纯种小马驹，其中的30%永远不会参赛，只有8%最终会参加有奖金的比赛并在赛场上赚回足够的钱。这是一项长期投资，但成功概率极小，而且在每一个阶段都几乎没有什么可靠的信息。

为了管理投资巨大但没有回报的风险，育种者很少让自己培育的马匹去参赛。我见证了受孕过程的那匹小马驹，很可能在出生一年后就被卖掉。这样一来，在马匹的潜能得以完全展露之前，育种者可以获得一些投资回报。根据斯托的估计，一岁的小马驹的售价几乎完全是由其血统决定的。

一岁的小马驹可以等一年后再出售，在它两岁的时候开始进行短距离的比赛。在这个阶段，会披露更多的信息，比如它在短距离冲刺时能跑多快，但它在长距离比赛中赢得巨额奖金的能力仍然未知。一匹快马可能赢不了肯塔基德比赛马比赛，

第八章
多样化：在所有错误的地方寻找效率

这似乎违背了我们的直觉，但赛马和人一样，有着不同的基因种类。

2009 年，科学家对马的基因组进行了测序。几年后，爱尔兰马遗传学家埃米琳·希尔发现了马的"速度基因"。她的发现表明，速度取决于一匹马的肌肉生长抑制素基因（MSTN）——它决定了肌肉的发展和肌肉纤维的类型——出现了怎样的变异。在马（和人）身上，这个基因决定了你是会跑得更快还是更适合长距离跑步。在马身上，有 3 种基因类型：冲刺型、长跑型和混合型（兼具冲刺和长跑特性的马匹，进行 1 英里或略长的比赛最合适）。

冲刺型的马匹往往在小的时候最好卖，因为它们速度快、肌肉发达，而且似乎能很早参赛。但这并不意味着它们会成为伟大的赛马。奖金高的比赛的距离往往更长一些，略多于 1 英里。同时具有冲刺和长跑基因（混合型）的马最值钱，因为它们更灵活，最适于去跑像肯塔基德比赛马比赛这样的中距离比赛。

在较长距离的比赛中，短跑型的马不总是有这样的动力和能力坚持下来；它们通常缺少必要的东西，无法真正赢得大型赛事而带来巨额奖金和巨大荣耀。赢得一场比赛确实会有回报，因为这些赛马（比如"军火贩"）最终可以赚取巨额的配种费。然而，市场往往会在赛前销售中垂青冲刺型马，因为赢得冲刺比赛是一种可以早早观察到的信息。投资于育种的人有机会早点获得其投资的回报而降低风险。

对 冲

克莱本农场的纯种马经理（也就是决定种马场中哪些马匹可以配种的人）伯尼·萨姆斯育种马匹已经有很多年了。他身材高大，头发灰白——你想象中一位纯种马经理看上去什么样，他就是什么样。他决定克莱本马场或者其他马场的哪些母马可以与"战争前线"配种。萨姆斯得到的配种请求太多，"战争前线"处理不了。他选择的母马要有最大的概率生下优秀的后代，这也就能让配种费保持高位。

萨姆斯以缓慢而刻意的说话方式解释道，销售一岁的小马驹时，如果想要卖出好价钱，那么小马驹一定要看着漂亮，父亲一定要有名，"所有人都想要一匹能卖出好价钱、跑得快，还能赢得肯塔基德比赛马比赛的马。但你不能同时得到这三样"。

近亲繁殖

马育种者有着短期的经济刺激来使马匹进行近亲繁殖。几十年前，一匹热门的种马一年内会和60~70匹母马交配，但现在最热门的种马每年要配种将近200次。因此，纯种马越来越近亲繁殖，哪怕这样的近亲繁殖是非常低效的：育种者在配种费上花了一笔小钱，面对的是培育出来的马能参赛——先不谈能赢——的微小概率。

按照定义，纯种马就是近亲繁殖的：95%的现代纯种马可以追溯到同一个祖先，也就是生于1700年的达利·阿拉伯。

第八章
多样化：在所有错误的地方寻找效率

马修·宾斯博士是马匹遗传学家，也是马匹分析系统（Equine Analysis Systems）公司的合伙人。这家咨询服务公司从事马匹投资的评估并使用科学方法对马匹进行配种。据他估计，过去40年中纯种马近亲繁殖的比例在增加，这种增长在20世纪90年代开始明显。1986年进行的税务改革增加了商业配种（在马匹比赛之前就将其出售）的好处，并使这样的做法成为业内常规。[1] 尽管近亲繁殖增加了，[2] 但宾斯说有一些变化还是很重要的："一般的纯种马的近亲繁殖程度还是低于纯种狗。"

"北方舞者"（Northern Dancer）也许是有着最多后代的现代赛马。它是肯塔基德比和鄱瑞克尼斯大赛的冠军。"北方舞者"的种马生涯持续了20多年，后代遍及多个大洲，并繁殖了很多有优异竞赛生涯的后代。在1984年的高峰期，它的配种费高达50万美元，折合2018年的120万美元。6年后的1990年，它去世了。

但它仍然活着。今天，几乎每一匹纯种马都和"北方舞者"

---

[1] 直到20世纪60年代，商业育种才更为有利可图。之前的育种者通常是为了竞赛而育种，目标是得到一匹好的赛马。按照记者兼数据追踪国际公司（DataTrack International）总监弗兰克·米切尔的说法，商业育种真正兴起是在20世纪80年代。税务改革使被动收入不那么有利可图，减少了在一匹马身上冒长期风险的收益。从那之后，大部分育种者在马匹参赛很久之前就出售马匹，此时只有血统才是唯一可靠的信息。

[2] 更好的兽医学实践允许一匹公种马比以往能交配更多的母种马。这更加速了近亲繁殖。结果就是，每年退休的公种马越来越少，他们继续与母种马交配，使基因池越来越浅。

有关,而且通常是这匹马的父母双方都与之有关。根据肯塔基州作家大卫·丁克——他的工作就是研究纯种马的血缘关系——的说法,在2012—2015年出售的3 8821匹小马驹中,96.5%的马驹都有"北方舞者"的血统。丁克说,在64%的马匹中,"北方舞者"基因出现的比例要高2~3倍;在20%的马驹中出现比例是4倍。

育种经济学为繁殖出更多的"哈布斯堡"[①]后人(虽然他们都很漂亮)提供了刺激。这么做有两个理由。首先,一岁小马驹的父亲很大程度上决定了小马驹的价值,而且能在一岁小马驹拍卖时带来巨大收入的、受欢迎的种马池非常小。只有那么多的冠军马新近成为种马,其后代也同样优秀的种马就更少了。

其次,近亲繁殖增加了获得冲刺者的机会,这种马也能卖出好价钱。冲刺者是纯合体:如果你将两个冲刺者配种,会得到冲刺者。"北方舞者"的基因类型不详,但希尔怀疑它是一个杂合体(兼具冲刺和长跑基因,因为它赢得了更长距离的比赛)。她说"很可能"它具备一个冲刺基因,当与杂合体母马交配时,有25%的可能性繁殖出冲刺者。如果母马是冲刺者(她有两个冲刺基因),小马驹有50%的概率成为冲刺者。如果两匹马都是冲刺者,育种者就可能会得到一匹是冲刺者的后代。因此,如果你保持用冲刺者基因培育马匹——一代又一代,你就会增

[①] 奥地利王室,因家族内近亲繁殖而臭名昭著,并导致特别明显的脸部特征、疾病和不育。

第八章
多样化：在所有错误的地方寻找效率

加冲刺者的数量以及下一代都是冲刺者的概率。2012年，《自然通讯》期刊的一篇文章提出，通过更有选择性的育种，冲刺者的数量大幅提升，而这可以回溯到"北方舞者"的冲刺基因。

大多数马的近亲繁殖发生在第三和第四代表亲之间，这些马也多次进行繁殖。表亲之间进行一次或两次的近亲繁殖可能是无害的甚至是有益的，但如果你一直让马匹近亲繁殖，可能会出现负面影响。一段时间后，近亲繁殖变成高风险、高回报的事情。它在一匹马的特征——可能是好的也可能是坏的特征——上加倍下注。近亲繁殖的马往往是速度极快的冲刺者，但也更可能无法生育。宾斯注意到，随着近亲繁殖的增加，母马不孕的数量略微增加。他向我解释说，近亲繁殖的马的骨骼可能不那么致密，使它们更容易受伤。

市场变化后，赛马也是如此。更好的技术和训练从20世纪30年代开始到20世纪80年代，不断培养出跑得越来越快的马匹。但在20世纪80年代，马匹大型比赛中的成绩保持平稳，直到最近都是如此。① 丘吉尔·唐斯（Churchill Downs）公司的子公司布里斯内特（Brisnet）的营销总监艾德·德罗莎说，公司的数据表明，过去10～15年，赛马的速度反而变慢了。

赛马跑得更慢可以用若干变化和演进来解释。随着交易圈

---

① 这些研究人员研究了1850—2012年英国赛马的比赛成绩。参加冲刺比赛的两岁的马在1997年跑得更快了。但参加更长距离、更高规格比赛（如德比赛马比赛）的老马的比赛成绩并没有提高。该研究只针对英国的赛马。

内马匹的价格越来越高,这个行业已经越来越注重安全:长距离比赛的赛道有更多的沙子,也更加干燥,提供更多的缓冲,使马跑得更慢(德罗莎声称他的数据考虑了赛道情况的变化)。相较于20世纪八九十年代,给马匹注射的激素和类固醇也更少了。[①] 不服药的马匹没法加大训练强度。或许市场要开始为一代又一代的近亲繁殖付出代价。生物学家马克·丹尼推测,近亲繁殖越多,可能意味着遗传创新更少。而遗传创新才是物种通常进行演化并繁衍出更快后代的方式。

多样化的好处

如果目标是培育一匹能赢得比赛的马,降低风险的策略会有所不同。如果育种者将母马与多匹种马中的一匹交配,而不是与少数几匹中的一匹交配,那么他们付出的高昂配种费就可能有更高的回报。几乎没有证据表明,与赛事冠军交配可以显著增加在赛事中胜出的概率。另一匹马的配种费较低,但可能繁殖出类似的或更好的后代。它甚至可能为基因池带入一些多样性,增加繁殖出杂交(杂合体)马的概率。

在金融领域,人们通过多样化来消除不必要的风险,方法是持有不止一种股票。假定现在是1993年1月,你有25 000

[①] 类固醇被宣布为非法——除非用于特定场合——已经有5年多的时间。在国际比赛中是完全被禁用的。

美元为将来 20 年进行投资。你有兴趣投资于蓬勃发展的科技行业，但犹豫不决，不知道要购买苹果还是惠普的股票。两家公司的未来看起来都充满希望，它们股票的历史表现也相似，平均年回报率大约为 11%。在当时看来，无论投资哪只股票都会有相似的前景和风险；两者都在科技领域成名已久并在不断增长。如果你把所有的钱都投入苹果，那么 20 年后股票市值将超过 100 万美元；如果你用这 25 000 美元都购买了惠普的股票，20 年后将只有 57 000 美元。57 000 美元听起来可能没那么少，但如果你在 1993 年购买了一只风险较低的 5 年期债券基金，那么到 2013 年你将拥有近 77 000 美元，而且不用承受因糟糕的收购引起股价上下波动而带来的压力。

回头来看，苹果是一个更好的选择。问题在于你在 1993 年不可能知道这一点。当时苹果的前景看起来很糟：此时离乔布斯重回苹果还有 4 年，他还根本没有打造 iPhone（苹果手机）的想法，苹果的股价在 1993 年以后还会先跌去 75% 以上，才会再次攀升。

当时，你最好的选择是投入一半的钱到苹果，投入另一半的钱到惠普。如果你这样做，20 年后你会得到 60.4 万美元——比只投资苹果少多了，但考虑到你在 1993 年掌握的信息，这么做才能降低风险并给出差不多的预期回报。

你还可以通过购买与科技行业完全没有关联的行业的股票，而进一步降低风险。科技行业崩溃不太会影响汽车行业，所以拥有通用汽车的股票意味着如果再出现一次科技股崩盘，你的投资组合风险会较低。

在第五章中，我们探讨了两种主要风险：特殊风险和系统风险。如果你的投资足够多元化，购买了数百只或数千只股票，你可以消除某只股票特定的特殊风险——甚至根本不会注意到苹果或者惠普的情况。

多样化是一种强大的降低风险的工具。如果经济不稳定，那么打零工或者说"副业"就是多样化的一种方式，可以帮助你减少工作带来的特殊风险。如果你的常规工作时间减少了，或者你被裁退了，那么一份副业（比如为优步或来福车驾车）或者一份小型的咨询工作，就是你的后备选项。

通过多样化可以消除特殊风险，但你仍然要面对系统风险或者说市场风险——整个股市崩溃的风险，或者因为经济衰退，市场不仅对你全职工作的需求降低了，而且对你副业的需求也降低了。

现代投资组合

寻找高回报、低风险的资产投资组合是投资组合经理的"圣杯"，就像找到两匹马来培育出下一匹"秘书处"（Secretariat）[1]

---

[1] "秘书处"是美国赛马史上最优秀的赛马之一。——编者注

第八章
多样化：在所有错误的地方寻找效率

对于纯种马经理一样。这两个行业传统上都依赖猜测和直觉，而只得到了平庸的结果。但是在金融业，数据革命和更强的数学技术改变了投资组合管理，能够更科学地、风险更小地找到终极投资组合。

1952年，一位名叫哈里·马科维茨的经济学博士生开始在芝加哥大学研究股票市场。马科维茨是芝加哥人，文静好学，喜欢数学、拉小提琴，不爱运动。

20世纪50年代，很少有经济学家对股市感兴趣——大萧条过去20年了，股市的名声仍然很糟糕。马科维茨开始攻读博士学位的时候，只有1/16的成年人持有股票——现在差不多是一半，而投资管理更像是艺术而不是科学。它包括挑选几十只能为有钱人提供最高回报的股票，而很少会去考虑如何明确地降低风险。对大多数学者来说，股票市场看似没有什么意思，也不值得去研究。

当时，经济学家认为，股票的价值完全基于公司未来的预期利润，这让马科维茨感到震惊。他认为这个假设很古怪。如果未来的利润水平是价值的唯一预测因素，那么所有人都只会选择预期回报最高的那一两只股票。为什么有人——而这也是大多数投资者所做的——会不假思索地持有几十种股票呢？马科维茨对这个概念感到震惊：人们应该关注回报，但同时也要关注风险。

马科维茨的发现为现代金融学提供了学术基础，使其成为经济学中的一门学科——研究风险以及如何管理风险。他发现，如果我们只关注回报，最终我们会冒不必要的风险，因为我们试图只挑选赢家（但这是不可能的）。如果我们挑选的股票可以互相平衡，那么就可以降低风险，而一般来说，我们会得到相同的或更好的回报。

在经济学的所有领域，经济学家都假定我们生活在一个资源稀缺的世界中。世界上只有这么多的石油、黄金和铁矿。经济学的一个核心问题是，我们如何以最好的方式使用这些资源，或者说如何最大限度地减少浪费。

马科维茨将同样的想法应用于金融市场。在金融市场，风险是输入，回报是输出。就像有一种高效的方法可以用有限数量的钢铁制造出尽可能多的汽车一样，也存在一种挑选股票的有效方式。马科维茨认为，多样化——拥有大量具有不同风险特征且风险可以互相抵消的股票——就是投资者可以用来创建有效投资组合的方式。

马科维茨引发了金融思想的革命，将关注点从回报拉回到风险。他关于投资组合选择的想法在20世纪60年代开始得到应用，因为此时财务数据和计算能力变得更加普及。共同基金是一种推销给投资者的由不同资产构成的投资组合，自18世纪以来就存在，但市场很小，[①] 而且选股是基于人类的判断，而不是科学。有了数

[①] 20世纪20年代的投资信托基金是个显著的例外，但在股票市场崩溃后，它们不再受到市场喜爱。

第八章
多样化:在所有错误的地方寻找效率

据和计算能力后,学者和投资者就有可能衡量股票价格的历史走势,并了解一只股票下跌的时候另一只股票的涨幅是多少。数据和新的数学技术让我们有可能找到更有效的股票投资组合,冒较小的风险获得更大的回报。现代的共同基金不再只是持有10~15只股票,而是持有数百只或数千只股票的组合。它越来越受欢迎。一些股票相比另一些股票可以更大限度地降低投资组合风险,但只要某股票的表现与组合中其他股票的表现不完全一致,那么加入更多这样的股票就会降低特殊风险。

马科维茨首次发表关于投资组合选择的论文后大约过了10年,富国银行管理科学总监约翰·安德鲁·麦奎恩通过芝加哥大学朋友的介绍,获悉了马科维茨的想法并想出了指数基金的点子——这又是金融业的一大革命。指数基金是一个许多——数百只或数千只——股票的投资组合。根据一个固定规则(比如一家公司有多大)来决定你持有多少股票。如果通用电气股票的价值占整个股票市场的2%,那么投资组合中有2%是通用电气。麦奎恩启动了第一个指数基金,并在1971年将其出售给养老基金等大型投资方。几年后,约翰·博格创立了先锋集团,并向普通投资者出售指数基金。

因为指数基金没有特别之处,也不需要特别的专家去知晓哪只股票会给出高回报,所以收取的费用较低。指数基金的创建意味着普通投资者可以轻松地投资于大量股票——全球数以千计的股票,并获得多样化带来的好处,同时成本极低,几乎无须费力。

投资公司对指数基金持怀疑态度——毕竟，它们通过向投资者保证它们知道买什么股票最合适来赚钱，哪怕没有证据证实这一说法。不断有研究表明，主动型共同基金——包括由专家挑选股票的那些共同基金，在经过风险和费用的调整后，其回报并不比指数基金高。

但是，挑中下一个苹果的想法对大众而言仍然十分有诱惑力。多样化也许可以用较小的风险提供相同的预期收益，但你还是错过了挑中下一个亚马逊或谷歌会带来的巨额回报。我们可以引用沃伦·巴菲特——被广泛认为是投资界的超级明星——所说的一句话，你可以在几十个提供了如何战胜市场的技巧的金融网站上找到这句话："多样化是对无知的保护。如果你知道自己在做什么，它就毫无意义。"

如果你于1993年在苹果公司投资25 000美元，20年后你就会有100万美元；同样将25 000美元投资到标准普尔500指数（由美国最有价值的500只股票组成），到2013年其价值仅为80 000美元。很容易这么去想：你会在那时选中苹果公司，而如果你真的做到了，也还会挑中下一个获得巨大成功的公司。但一直挑中赢家实在太难了——这就是沃伦·巴菲特是一个富有的超级巨星的原因。

多元化也可以降低技术驱动型经济体的风险，甚至降低金融圈以外的风险——比如我们的工作、我们的友谊和我们的爱情。朋友越多，在你需要朋友帮忙的时候就越会增加有能帮上忙的朋友的可能性。和更多的人约会可以帮助你确定在恋爱关系中你想要什么，防止你在了解对方之前做出过度投资。当然，你也放弃了这些情景中的极端回报：恋爱关系需要更长时间去形成，或者我们可能会因为有无穷的选择而不堪重负。但在我们找到我们想要与之共同冒险的人之前，多样化有助于降低我们做出糟糕选择而面临的风险。

种马繁殖对马科维茨的回应

更好的技术可以产生更好的数据，通常会产生更多的多样化和更少的风险。它引发了金融革命，使指数基金和共同基金成为大多数家庭投资股票市场的方式。如今，各种共享汽车应用和任务分配应用使用数据和算法，让我们可以选择副业来实现收入多元化。同样的技术甚至可以使我们的爱情生活多样化（比如交友软件 Tinder）。种马繁殖可能是下一个受益者。

种马繁殖可以受益于更多的多样化。对于这样的高风险高回报结果，近亲繁殖的费用实在高昂。但数据和技术可能会激励育种者将具备互补特性的马匹聚集在一起，而不是在少数一些可能的大赢家身上下注。这将为育种带来更多的多样性，就像共同基金在金融市场上做到的那样。

根据你是要计划出售马匹，还是要让马匹参赛，回报也是不同的。如果育种者要让自己的马匹参赛而不是出售，他们可能会将两匹不同的母马和公马进行配对并繁殖。而要想"卖得好"需要做的是有正确的血统和冲刺者的特征——它们都鼓励采取近亲繁殖。但是，最大化培育出"一匹好马"的可能性的工作更加复杂。

理想情况下，育种者会匹配公马和母马的特征，平衡弱点——不好的臀部曲线与好的臀部曲线搭配，强壮的膝盖与脆弱的膝盖匹配等，在力量上双倍下注。根据大卫·兰伯特博士——他是一名兽医，以及马匹分析系统公司的总裁——的说法，"军火贩"这样的竞赛获胜者有点像遗传怪物。这些不寻常的特性大多数很难重现，而如果这些特性没有得到正确的排列，往往会培育出一匹慢马。

例如，获胜者通常拥有硕大的心脏。一般马的心脏重量只有 8~9 磅[①]；"秘书处"的心脏重量是 21 磅。额外的心血管潜力至关重要，但它不会转化为快速奔跑的能力，除非它与马的其他特征相吻合。兰伯特说，这就像把一辆法拉利的发动机装进了斯巴鲁。他认为，更好的做法是让一匹特别出众的马和一匹普通的马进行交配，或者让两匹特性略微高出平均水平的马进行交配。这和传统上让两匹有着最佳表现的马匹进行交配的做法相反——后者会培育出有着众多怪异特性但结合在一起并不

---

① 1 磅 ≈0.45 千克。——编者注

第八章
多样化：在所有错误的地方寻找效率

总是有用的马驹。

近亲繁殖就像投资在你认为会成为下一个苹果的那只股票一样。有可能你赌对了，获得巨大的回报。但你更有可能最终得到一个蹩脚的组合。多样化增加了培育出能让你在比赛中赢钱的好马的概率，而且配种费更低。

但这不是育种采用的方式——至少现在不是。

遗传学家和数据科学家希望通过提供有关马的更多信息——例如它们的速度基因或心脏大小——来改变这个行业，就像数据和计算改变了投资组合管理一样。这意味着买家在一岁小马驹拍卖时能更好地了解赛马的潜力，这可能会推动基于马匹品质来销售而不是看赛马的父亲是谁。信息有可能协调育种者和拥有者之间的利益，而培育"一匹好马"和"一匹卖得好的马"会变成同一件事情。

通过找出一匹母马的最佳匹配公马，数据也可用于培育"一匹好马"。育种者就像基金经理一样，会关注于如何平衡不同的特性，以便降低一匹马无法参赛的风险。如果目标是培育最好的赛马，只因为一匹种马赢过比赛且它的后代都是冲刺者，就为这匹种马的精子支付 10 万美元就不那么有利。相反，驱动配种费的将是匹配确切的正确特性，从而增加多样性和培育出一匹伟大赛马的概率，这会让更多的马匹得到育种机会。更大的公种马池也会降低配种费并培育出更多的"好马"——这才是两全其美。

对　冲

拜伦·罗杰斯是性能基因（Performance Genetics）公司的数据科学家和纯种马代理商。他对更聪明的育种选择的解释是，如何通过减少无法参赛马匹的数量而降低风险。埃米琳·希尔说，在育种方面，遗传学有能力缩小结果的分布范围。它无法保证你会得到一匹能赢下肯塔基德比赛马比赛的马，但会增加你培育出有着令人尊敬的赛场生涯的马匹数量，而且配种费更低。①

科学仍然存在争议。没有人相信你可以完美地对一匹马进行基因改造而赢下大赛，因为基因特性起作用的方式是不可预测的。利用科学来培育肯塔基德比赛马比赛的冠军，甚至比在投资组合中选中下一个苹果的股票更难。尽管如此，更多的基因多样化具有改变赛马育种经济学的潜力。谁知道呢？它甚至可能意味着在肯塔基德比赛马比赛中创造一个新的世界纪录。

养马总是有风险的，甚至比投资股市风险更大。利用数据实现最佳的遗传多样化可以降低怪异基因特性永续而带来的特殊风险，或者降低花一大笔钱而培育出一匹永远无法参赛的马的特殊风险。但仍存在系统性风险，因为该行业过于依赖一些富有的投资者。正如多样化无法降低整个股市崩溃的风险一样，它也无法降低马匹育种业对经济不景气而投机者没有多少钱可以投资的敏感度。管理系统风险需要其他类型的风险管理手段，我将在接下来的两章中加以说明。

---

① 尽管这个市场效率极低，但投资赛马的风险极高；最好还是盯准指数基金。

规则 4
成为你领域的主人

每当我们做出一个决定，我们就会面临风险，要面对可能发生的事情，无论好坏。但我们的决策过程并没有结束，我们对风险如何发生可以进行一些控制。

风险管理就是如何以对我们有利的方式将机会进行叠加。在第四章中，风险由我们能想象到的会发生的事情以及它们的可能性曲线或者说概率分布图来表示。图片代表了不同种类的电影的风险概述。在每张图片中，X 轴或域代表所有潜在的盈利场景。区间越大，风险越大。风险管理可以帮助你管理你的域，这样你就能改变图片呈现的形状。

我们可以用两种不同的方式做到这一点。第九章描述了第一种方式：对冲。当我们进行对冲时，我们会放弃一些潜在收益以减少蒙受损失的概率，用统计学术语说，就是切断了风险的上下端。

在第十章中，描述的第二种方法是保险。保险就是，我们支付给其他人一笔固定的金额来承担我们的下跌风险而让我们保持收益空间。通过对冲，你放弃了一些好处，以换取避免下跌风险。通过保险，你避免了下跌风险，但上涨或尾部上端的好处仍然都属于你（扣除保险费用）。当然，要想完全没有下跌的可能或者有无限收益的可能性，其费用就太高了。

这些降低风险的方法，每一种都可能被反过来使用：它们不是用来降低风险的，而是用来增加风险以及随之增加潜在的回报的。这很诱人，特别是如果我们认为已经有了足够保障的时候。第十一章将讨论如何找到正确的平衡。

第九章

消除风险：对冲的艺术

只有胆子够大才能获得成就。如果你是个敢冒险的人，那么艺术就是避免下跌风险。

——理查德·布兰森

想想你上次听过这么一个故事，一位成功的企业家甘冒奇险，而尽管他无法管理这个风险，他还是义无反顾地勇往直前。经过一番紧张加上侥幸，冒险取得了成功，无畏的领导者变得非常富有。但我们会沉迷于这个人的能力，还是在他博弈失败后再也听不到他的名字，这通常被归结为运气或时机。

接下来，我们将从一个商人是如何对冲风险的故事中学到点什么。对冲涉及让渡大幅收益以降低风险，避免重大损失。需要技巧的地方在于确定风险和回报之间的平衡点，或者确切知道要冒多大的风险。如果某人生而贫困，那么对冲风险——而不是好高骛远——才是他真正用来战胜概率的手段。

阿诺德·唐纳德是世界上最大的游轮公司"嘉年华"的首席执行官。他就有一个这样的故事。他的办公室位于佛罗里达州的多拉市。他坐在我对面的一张巨大办公桌之后，墙壁上贴满了他和多位世界领袖的合影。他60岁出头,是一位杰出的、很有威严的男人,但一开始讨论游戏,他的眼睛就像孩子的眼睛一样亮了起来。"我以前一直玩强手棋。就是那个棋盘游戏。老实说,我从未输过,"他自豪地说道,"但我现在很久没玩了。我哥哥比我大8岁,但我还是能打败他。"

唐纳德一生大多数时间都在通过克服微小概率——而且都是对他不利的概率——来赢得胜利。他是大型公司中为数不多的黑人首席执行官,从小因为种族隔离而成长在新奥尔良第九区的"棚户区"。但贫穷和种族主义都未能阻止唐纳德。他说,秘诀就是最大化成功的概率——得到你想得到的东西的概率。作为一个五口之家中最小的孩子,在他的成长过程中,他完美地实践了这一战略。

唐纳德很早就学到,承担杠杆和太高的风险是有害的。他曾向父亲借钱,批量购买糖果,加了很高的价转卖给他的姐姐,然后还钱给父亲,自己留下利润。这个策略一直有效,直到他的姐姐找到了他的藏品,然后拿走。这对年轻的唐纳德来说是一个很大的教训。即使到了现在,在他有可能会遭受巨大损失时,他不会选择冒险。

从初中开始,他表现出众。他去了圣奥古斯丁高中——一家新奥尔良的全黑人、全男子的天主教学校,该学校的学生接受了良好的教育并被寄予极高的期望。广播系统会每天3次播放相同的消息:"先生们,要做好准备,因为有一天你们要去推

第九章
消除风险：对冲的艺术

动这个世界。"

唐纳德理解了学校想要传达的信息，那就是一切皆有可能。最好的大学很想要他——还有他的同学——并最终录取了他。

年轻的唐纳德看到了一个没有限制的世界，但做出风险最高的选择不是他成功战略的一部分。他经常会克制自己的雄心壮志，愿意少冒一些风险而最大化成功的概率。想想他童年的野心：他梦想成为一名商人，特别想成为"世界财富50强中一家科技型全球公司的总经理"。

如果世界已经在你脚下，那么这看起来只是个比较适度的野心。大多数高中生都梦想成为一名职业运动员、一名成功的企业家或首席执行官。但在20世纪60年代，找到大公司里的一份稳定的工作并在层级中攀升是最有可能成功的路径。这也是一个远离第九区的世界。唐纳德可能感受到了无限的机会，但是冒着很大的风险却最终失败对他来说是不可接受的：

> 我不确定我是否厌恶风险。我要说的是我以统计为导向。我的人生哲学——我不知道我从哪里学来的——其中一部分来自玩强手棋游戏。但我的人生哲学是最大化成功的概率。无论何时我想到一些事情，我都会问，我要怎么做才能有更大的机会成功呢？

上大学时，他再次进行对冲。参观完卡尔顿学院后，唐纳德意识到他想进一个小一点的文科学校。他对卡尔顿学院的热情可能因为在访校期间结识了他的妻子而有所加强。唐纳德知道他需要学习经济学和工程学——这是两个独立的学位——以最大化完成职业目标的可能性。但卡尔顿学院没有提供这个选项。

于是他与斯坦福大学达成协议，斯坦福大学也为他提供了全额奖学金。他将在卡尔顿学院学习3年的经济学，在此期间斯坦福大学会保留他的奖学金。之后，他会转学到斯坦福大学并完成为期两年的工程学学习。这是一种两全其美的方式：他想要的是文科学习经历和斯坦福大学的工程学位。

在卡尔顿学院二年级期间，唐纳德迎娶了他的大学同学。她也申请了斯坦福大学工程学院，但没有拿到奖学金。他们没有去承担申请学生贷款带来的财务风险，而是去了他们都拿到奖学金的位于圣路易斯的华盛顿大学。

毕业后，他在孟山都公司找到了一份工作。这家位于圣路易斯的农业科技公司如今声名狼藉。唐纳德把年轻时候的自己描述一个直言不讳的"刺儿头"，尽最大努力去争取在企业界的成功。根据他一位同事的建议，唐纳德改变了路易斯安那口音并剃掉了络腮胡子，完全接纳了一个中西部公司高管的人生。

唐纳德在公司层级中迅速攀升，32岁时成为总经理。他对农业科学和商业同样感兴趣，这也使他不断晋升。菲利普·内德勒曼是唐纳德以前的同事，曾任孟山都公司研发部门的总监，他说在当时这（科学和商业）是一个罕见的组合。"我在孟山都

第九章
消除风险：对冲的艺术

认识的人当中，只有他一个是非洲裔美国人高管。他的表现用季度业绩和销售额来衡量，是无可挑剔的。"

唐纳德在担任孟山都公司消费者和营养部门总裁之前担任过多个领导职务。然后到了 2000 年——此时他在孟山都公司已经工作了 23 年，他冒了一个不同寻常的、没有进行对冲的风险，离开了他成长于斯的公司层级带来的安全。他和一群投资者一起，将孟山都公司的人造甜味剂——或者如他所说的"低卡路里高强度甜味剂"——业务分离了出来，成立了一家名为美利生（Merisant）的公司，唐纳德成为首席执行官。但是人造甜味剂的生意多变。当市场从他们的产品怡口糖转向另一个替代品善品糖时，美利生公司面临困境。3 年后，唐纳德卸任首席执行官，获得了丰厚的遣散补偿，并继续担任董事长直到 2005 年。2009 年，美利生申请破产。

离开美利生后，因唐纳德赚到了足够多的钱，达成了自己的目标，所以他决定早早收手并在 51 岁退休。他把时间花在了各种公司董事会上，并在生活的旅程中冒一些小的风险。

他过了 8 年的退休生活，然后接到了嘉年华的电话。嘉年华是一家家族企业，米奇·阿里森是当时的首席执行官，是创始人的儿子。在和唐纳德接触的时候，嘉年华正面临一系列备受瞩目的挫败。2012 年，歌诗达协和号（一艘嘉年华拥有的邮轮）在意大利海岸失事；32 名乘客和机组人员死亡，船长弃船。

一年后，嘉年华凯旋号邮轮引擎起火，在海上失去了动力。

在邮轮被拖到港口的 4 天内，因为停电，船上的卫生设施停用；媒体把这次倒霉的旅行戏称为"便便旅行"。CNN（美国有线电视新闻网）实况转播了这次慢吞吞的拖航，播出了旅客讲述的面对未经处理的污水时的可怕遭遇。

对任何公司来说，这都是一个巨大的挫折。对邮轮行业的形象来说，更是严重的打击。如果你预订了邮轮，你就放弃了独特冒险和独处以期换来一个无风险的假期。当然，相比徒步穿越安第斯山脉或者在巴厘岛的海滩露营，坐邮轮感觉上不那么令人振奋也不那么个性化，但邮轮上的假期几乎总是会完美进行，至少是顺利进行吧。邮轮上的酒店永远不会超额预订，食物丰富而且口味是可预测的，租来的车不会抛锚，活动都预先安排好了。

但如果会出错，就一定是大错。尾部风险是被困在大洋之中一艘满是污水的船上，或者更糟。如果尾部风险似乎不再是不可能的，那么邮轮最吸引人的部分就失去了吸引力。

唐纳德似乎不是一个合适人选。他在嘉年华的董事会已经待了 12 年以上，但是他作为一个农业领域高管的职业生涯似乎并不适合邮轮业。他在孟山都的同事听说他加入了嘉年华后，都很吃惊："他真是一个很有雄心的家伙，只是他对运营邮轮又有多少了解呢？"

这项工作似乎是唐纳德冒的最大风险。但他的职业和生活策略——找到风险和回报的平衡点而最大化获得想要的东西的

第九章
消除风险：对冲的艺术

概率——正是邮轮业所需的。正如他对我说的："你知道存在风险，所以你尽量使成功的概率最大化。这不是你认为不会有什么风险，而是你相信你可以处理。这就是区别。"

预测到哪里会出错而出现风险，是唐纳德多年来培养的技能。但仅仅预测风险还不够，他还要采取措施确保如果真的出错，也只造成尽可能小的损失。有时他会为预见到的风险投保，更经常的做法是他一开始就通过对冲而冒更少的风险。

对 冲

只要谈到降低风险，我们就会用"对冲"这个词，例如我们要"对冲赌注"时，我们要保持开放性选择时。在金融领域，对冲具有更精确的含义：消除风险或冒更少的风险。它涉及的是，如果一切顺利就要放弃可能的收益，换来的是降低事情变得糟糕的概率。总的来说，消除风险增加了你得到想要的东西的概率，但你必须放弃得到更多的可能性。

假设生活中有两件事让你开心：钱和本地的橄榄球队。如果你的球队正在进行一场重要的比赛，那么对冲就是在球队输球赔率为 3 赔 1 的情况下，买 100 美元赌球队输球的注。如果你的球队输了，你会感到输球的痛苦，但至少你赢了 300 美元，这也算是一些安慰。如果你的球队赢了，你将体验到胜利的快感，但这样的胜利不那么舒服——因为你输了100美元。

对冲是最古老也是最简单的金融策略之一，但它经常被忽视或与多样化混淆。多样化是指通过持有大量不同类型的资产来消除不必要的风险。它可能是狗仔队和其他名人摄影师建立起信息池；或购入一个指数基金，而它包括你投资组合中的大部分股票。你的预期回报是相同的，但风险会降低。因为无论发生什么事，你拥有的东西都有机会给你带来回报。多样化可以消除特殊风险，但它对整个股票市场在你退休的前一天全面崩溃这样的系统风险没有任何帮助。多样化有助于构建最佳风险选项，但你仍需要管理余下的风险。

对冲决定的是，为了达到你的目标，你希望或者不得不接受多少风险选项。而且，与多样化不同的是，它是有成本的。你必须放弃一些预期收益，因为你冒更少风险的代价就是回报也更少了。

对冲更为精准，因为它需要更多的计划和清晰的目标。它需要考虑你的目标：是要更多的财富，是成为一名高级管理人员，还是对自己橄榄球队的良好感觉？然后做一些事情去降低目标不能实现的风险。对冲不区分系统风险和特殊风险，但它可以减少这两种类型的风险。

还记得第五章里的狗仔队圣地亚哥·巴埃斯吗？他的售卖名人照片的生意存在大量的系统风险和特殊风险，因为这个行业总在变化，并且在恰当时机拍到名人照片的概率总是很低。

第九章
消除风险：对冲的艺术

巴埃斯很喜欢这项工作，某天运气好的话还会大赚一笔。他与其他摄影师结盟而减少了他的特殊风险。但由于市场非常不稳定，还是存在很多风险。他面临的更多是系统风险，他不赚钱的日子越来越多，而获得丰厚收入的日子越来越少，这逼得他退出了这一行。反过来说，如果他想对冲，他本可以休息几天不去上街，而从事婚礼拍摄的工作。他会放弃因在正确的时间拍到名人的照片而带来的兴奋感和潜在收入，但他可以获得一定的收入而不管名人世界到底发生了什么。婚礼拍摄也会是一个更稳定的收入来源；名人照片市场可能会改变，但人们总是会拍摄结婚照的。

假设你决定成为社交媒体影响者。你认为，如果你在推特上获得好多粉丝、点赞和转发，就能赚钱并填补心灵的空虚。你越活跃，就越有可能发出那个完美精辟的评论，让一位名人转发，然后名声和财富随之而来（或者只是短暂的满足感）。但一直发推特会增大说错话甚至冒犯他人的风险，这将对你的职业生涯产生负面影响。你可以通过一天只发送几次推特，而且只发你认真思考过的内容来对冲这样的风险。虽然你错过了在互联网成名的上限，但也降低了成为被社会排斥的人的风险。

更多地投资于无风险资产

最简单的对冲方法就是少冒风险。假设你的目标是在 5 年后有 12 000 美元支付你儿子大学第一年的费用,而你现在就有 12 000 美元。你希望让他第一年的大学生活格外特别。你可以额外花 3 000 美元,这样他就可以住更好的宿舍。你的财务顾问会告诉你一个多样化的股票投资组合,预计每年可赚 8%。这意味着平均而言你可以在 5 年后获得大约 17 600 美元,这就是你想要的学费、漂亮的宿舍房间加上额外的奖金。但股市风险很大。没人承诺这个投资真的会每年给出 8% 的回报,而且还有损失本金的可能。假设股市在第一年后下跌了 40%,即使市场在接下来的 4 年中每年收益 8%,第五年的时候你也只有大约 9 800 美元。

为防范这种风险,你的顾问建议采用对冲策略:将 6 000 美元的资金投入债券。债券只提供 3% 的回报,但你肯定每年会赚 3%。你的预期回报率为每年 5.5%,低于 8%。但到第五年,你有机会得到大约 15 000 美元。如果股市在第一年后下跌然后回升,你最终会在第五年得到大约 12 000 美元。通过购买债券进行对冲可以缓和遭遇损失的风险,作为交换,你要放弃多赚 2 600 美元的可能性。

许多个人财务专栏会告诉你,将你的退休账户投入共同基金、股票投资组合中,而不是投资单一一只股票。这是一个很好的建议,但它不是一个完整的退休投资策略,因为这些基金只提供多样化。更完整的策略会帮助你对冲余下的风险。对退休进行对冲需要确定你的目标:稳定的收入、一大笔钱,或者

第九章
消除风险：对冲的艺术

这两者之间的某个组合。你可以通过将部分退休账户的资金投资到共同基金而将其余部分投资到恰当的无风险资产（如短期债券和长期债券）的方式，来对冲股票无法赚钱的风险。

这么做的效果就是冒更少的风险，为了降低遭受损失的风险而放弃一些潜在的高回报。在金融之外也可以使用此策略。这是唐纳德处理风险时通常使用的方式。他制定了一个目标，只冒必需的风险去完成它，从而将实现目标的可能最大化。如果这意味着他能够保护自己免受最坏情况的打击，那么他愿意为此放弃额外的好处。在他选择大学专业和职业时，就用了这个策略，他也用这个策略来管理嘉年华。

对冲是一种常见的商业策略。航空公司经常对冲油价上涨的风险，方法是签订合同，规定不管石油价格未来如何，都支付一个固定的价格。① 油价可能下跌，但航空公司仍然必须支付之前约定的较高价格。但如果油价上涨，航空公司支付的价格就低于市场价。这样的确定性允许航空公司做出长期决策和计划。它们放弃了从廉价石油中获取额外利润的机会，换来的是消除油价上涨的风险。

现代金融

对冲风险的另一位专家是大卫·鲍威，他还是一名出色的

---

① 由对方承担油价变化的风险。

音乐家、一个非常有天赋的风险战术家。

音乐家通常会在职业生涯早期和一家唱片公司签约。该公司为音乐家支付大笔金钱（对年轻且还在挣扎的音乐家来说是很大一笔钱——他们还很穷，对能被发掘感到非常兴奋），换来的是唱片公司拥有该音乐家作品产生的版税收入中的很大一部分份额。

如果音乐家取得成功，这就是一笔可怕的交易。如果再加上糟糕的资金管理，就会导致许多著名的音乐家贫困潦倒，甚至申请破产。但它实际上可以成为公平的风险交换。如果音乐家的职业生涯从未起飞，他仍然可以拿到钱，而公司获得版税收入——反正也不会太多。大多数音乐家都没法成功，也从来不会比他们事先拿到的钱赚得更多。

作为一个年轻人，大卫·鲍威精明而自信；他和他的经纪人相信他会成为为数不多的巨星。在他签约的时候，他坚持保留他音乐的未来所有权，并作为交易的一部分获得较少的预付金额。和他签约的人认为他们做了一笔好买卖。有很大的概率是，这位瘦弱的小伙子的音乐在将来根本也值不了多少钱。鲍威让自己冒险而得到了回报。

大约30年后，鲍威面临一个不同的问题。他已经50多岁了，音乐市场的前景很不明朗。Napster（音乐共享软件）提供文件共享服务，所以现在任何人都可以不用花钱就分享和收听音乐。未来音乐版权能值多少钱不再明确。鲍威决定做出

第九章
消除风险：对冲的艺术

与他多年前的选择相反的选择，他准备出售版权。他在 2002 年说：

> 我们就音乐想到过的一切，都将在 10 年内发生绝对转变，没有任何东西可以阻挡。我认为假装它不会发生根本没有任何意义。我坚信的是，就拿版权来说吧，在 10 年后就不再存在了。著作权和知识产权将会受到相当大的打击。

但是鲍威还是不愿意出售他的歌曲，他认为这些歌曲是他的"孩子"。同时，他的业务经理正在与大卫·普尔曼交流，普尔曼是一位语速很快、接受过沃顿商学院教育的银行家，他有一个更好的主意。他还没遇见过他无法消除风险的资产。

普尔曼在早期抵押贷款担保证券盛行的年代进入金融业。抵押贷款担保证券在 2008 年金融危机期间名声很不好，因为该金融工具被那些买下他们买不起的房子的人滥用了，他们做出不明智的、有风险的博弈。但该金融工具的基本理念相当简单，也非常聪明。如果银行出售抵押贷款，银行就有多年的现金流入——也就是抵押贷款还款。但这笔钱没有流动性，也就是说，在每笔还款到期之前银行无法得到这笔钱。如果银行想要更早拿到钱或想要摆脱抵押贷款无法偿还的风险，那么它可以将抵押贷款作为债券出售。一个投资者向银行支付一大笔钱，作为交换条件，投资者获得由抵押贷款支付的定期还款。抵押贷款担保证券是将许多类似的债券打包在一起。这么做的好处在于，抵押贷款持有人的多样化降低了某人无法还贷或者提早还贷的风险。[①] 普尔曼发现他可以对鲍威的音乐收入做类似的证券化操作。

时机再好不过了。鲍威、普尔曼和百代唱片公司做了一笔交易，再版发行鲍威在1969—1990年制作的25张专辑。鲍威确保能获得美国批发销售中超过25%的版税。鲍威的这一系列唱片估价在1亿美元左右，是一个适合对冲的收入来源。普尔曼建议将鲍威的版税加以证券化。

鲍威喜欢这个主意。他现在就能拿到钱，而从技术上看，他还拥有他的音乐，但是他的版税带来的收入将在15年的时间内支付给别人。普尔曼说，在他描述了如何运作后，鲍威很快发问："我们为什么还不开始？"

这笔交易在几个月内成型，而且潜在买家众多。在交易完成之前，有关它的传闻被泄露，人们如潮水一样给普尔曼打电话。鲍威债券——这是它的名字——对保险公司而言很有吸引力，因为保险公司必须在未来定期向受益人付款。拥有一个像鲍威债券这样的长期债券是它们对冲风险的方式，因为它们需要能定期支付的资产。

保诚保险支付了5 500万美元，作为交换获得了7.9%的

[①] 但是，如我们在2008年金融危机中所见的那样，多样化并没有降低大批人同时无法还贷的系统风险。

第九章
消除风险：对冲的艺术

本金利息并可以得到 15 年的支付。[①] 这些利息的支付来自鲍威 1990 年之前录下的专辑产生的版税收入。如果出于某种原因，音乐没有获得足够的收入（并用尽了储备金），鲍威的唱片全集将由保诚集团拥有。但这并没有发生，因为来自音乐版税的收入对年龄较大、有着成名专辑的音乐家来说相当稳定。

这是一个对冲，因为鲍威拿到 5 500 万美元而放弃了未来 15 年的版税收入。他放弃未来的收入后，上升空间就小了。但作为交换，他一开始就能得到 5 500 万美元。也许鲍威年事已高，倾向于少承担风险，或者他看到随着音乐产业的不断变化，未来有更大的风险。不管怎样，他决定进行对冲。

买入变动方向相反的资产

你可以不购买无风险资产作为对冲，而是买两个不同的、变动方向相反的资产。考虑你为你支持的橄榄球队下注的情形：一个结果带来的损失（球队输球的感觉很糟糕）会被一个收益所抵消（球队输球的时候你会赢钱）。或者假定你是一艘邮轮的船长。如果邮轮业做得好，你会得到更多的报酬：有更多次出航，人们为邮轮支付更高的价格，你的收入也会提高。但如果再出现一次"便便旅行"的事故，需求就会下降，导致出航次

[①] 和提前还贷类似，如果版税带来的收入超出预期，它们也会支付更多并提前还清债券。

对　冲

数减少和票价降低,这意味着收入降低,甚至有失去工作的危险。邮轮船长可以对冲"便便旅行"的风险,方法是投资酒店或陆地度假村,或者是其他因邮轮不受欢迎而获利的公司。

负对冲:风险越大,回报越多

对冲是一种降低风险的策略,但与任何风险策略一样,它可以反过来用,以增加风险和预期回报。假定你在观看橄榄球比赛时想要额外的刺激,你可以进行负对冲,增加赌你支持的球队赢球的风险。如果你赢了,你会加倍感到高兴:你既有吹牛的资格又赚了钱。如果你输了,你会面临双重失望:你支持的球队很没用而你还输了钱。

有一种对冲技术是向政府、公司或城市提供贷款,方法是购买它们发行的债券,而该债券在一个事先规定的时间后会支付一定的金额。因为债券支付的金额是固定的,所以这比持有股票的风险要低,也就意味着你的投资组合风险较低。① 跳出风险投资(如股票)并将它们与债券相结合可以成为一种对冲。

相反的策略是借款,并用借来的款项进行一个风险投资,这称为杠杆,是一种负对冲。它是人们放大风险的一种方式,也往往是金融危机的根源。在唐纳德向父亲借钱进行他的糖果

---

① 假定发行债券的实体不会违约或不会拒绝支付。

第九章
消除风险：对冲的艺术

买卖时，他得到了这一教训。他一直赚钱，但当他的供应突然消失时他无法还清欠父亲的钱。

我们再看看杠杆的另一个例子。邮局出售永久邮票，这种邮票在邮票价格上涨的时候也能保值。假设你知道邮票的价格会在下周从 45 分上涨到 50 美分。如果你本周以 45 美分购买永久邮票，那么下周这些邮票就会值 50 美分。这样的知识提供了一个机会。

想象一下，你有 10 000 美元并将它全部花在永久邮票上。邮票价格上涨后的第二天，你以 11 111 美元的价格卖出 22 222 枚邮票。你可以赚 1 111 美元，仅仅几天就可以获得 11% 的回报。

这很不错，但如果你冒更大的风险，就可以赚得更多。比方说你将房子进行二次抵押而从银行又借了 90 000 美元，利息是每月 5%。你投入你的贷款和积蓄购买价值 10 万美元的邮票。如果你在一个月内将它们都卖掉，你会获利 111 111 美元。偿还银行贷款本金以及一个月的利息（94 500 美元）后，你得到 6 611 美元的利润。这几乎是你全靠自己的资本进行邮票套利所得利润的 6 倍。

显然，这是一个非常冒险的博弈。很有可能你在一个月内卖不掉 222 222 枚邮票。如果几个月后你还是卖不掉，你支付的利息就会吞蚀你所有的利润。如果你永远没办法售出邮票，你就会失去你的房子。加杠杆就是那种高风险高回报的交易，它使一些金融界的人发了大财（如果他们很走运的话），也摧毁了另外一些人的职业生涯（甚至是整个经济）。

邮票的故事可能听起来像是一次疯狂的冒险，但每天都有人进行如此怪异的博弈。杠杆解释了许多对冲基金每年都能实现的高回报。大多数时候，那些看似获得更多回报的人并不是在玩什么了不起的魔术，也不比其他人更聪明。他们只是敢于冒更大的险。

为了未来的航程而对冲

唐纳德成为首席执行官不久就冒了很大的风险，并由此确立了他在嘉年华的传奇地位。他加入嘉年华一年后，挖来了迪士尼的约翰·帕吉特。帕吉特是迪士尼魔法手环背后的创造者。迪士尼可以跟踪带着这种魔法手环的游客的位置，协调他们在园内的出行交通而减少排队等候的时间。

帕吉特和他的团队为嘉年华推出了类似的产品，称为"海洋勋章"（Ocean Medallion）。这个产品将魔法手环的想法推进了一步。邮轮可能会变得大众化，你不用思考或计划就可以轻松度假，但你也只是3 000人的大团体中的某个人而已——这就是风险平衡。海洋勋章承诺让你"鱼和熊掌"兼得。它模拟了更个性化的体验：邮轮的工作人员会知道你的名字，并在你走进船上的餐厅和酒吧前就知道你喜欢吃什么或喝什么。这项技术会

第九章
消除风险：对冲的艺术

预测你喜欢怎样的活动。比方说，昨晚你喝了一杯马丁尼鸡尾酒，这可能意味着你今天会对浮潜感兴趣。海洋勋章不断地更新数据来预测你的每一个需求和想法，甚至在你想要什么东西之前就给你提供——这可真是一种"奥威尔式"的邮轮体验。

采用这种技术是一次冒险。重新培训员工并对邮轮进行重新布线是必不可少的工作。负面效果包括：很可能在早期出现故障，实施技术的成本很高，客户对共享数据会感到不满。海洋勋章在2017年的消费电子展上发布，被誉为邮轮业的新未来，媒体也进行了大量的报道。但没有提到的是，唐纳德采用了谨慎的对冲策略：目标设定要高，然后谨慎地实施。

海洋勋章的推出非常缓慢。发布海洋勋章的几个月后，才在一艘高端的公主号邮轮上选择了一些游客进行测试；一年后，才推广到乘坐该船的所有乘客。截至2018年，在所有嘉年华邮轮上使用海洋勋章估计还需要好几年。当我告诉帕吉特，就风险对冲我采访了唐纳德时，他说："他可是一个高手。如果你观察这个特别的创新努力（海洋勋章），就会发现它是有风险的，但他把所有东西都看清楚了。他下的最大的注只占我们船队的百分之一，（而且）是以几乎没有任何下跌风险的方式在下注。"

唐纳德的成功可以归结于努力工作、保持理智、将远大的期望与谨慎的行事相结合。他有最好的打算，但也会做最坏的准备。这种策略可能缺乏其他著名企业家对其成就加以夸耀时所具备的戏剧性效果，但实实在在地增加了成功的概率。

第十章

保险：引入股票期权

生活中的乐趣就像是人寿保险；你年纪越大，得到它的代价就越大。

——弗兰克·麦金尼·哈伯德

美国漫画家，幽默家，记者

"保险"这个词通常不会在人内心唤起兴奋的感觉。我们经常会想到的是，穿着一点也不合身的套装的代理人在出售寿险，或者一位精算师在一个没有窗户的房间里计算着我们可能在什么时候死去。但保险还是做了一些奇妙的事情：它降低了冒险出错后的代价，同时让我们享受冒险带来的好处。对冲时，如果事态发展比我们预期的好，我们就必须放弃部分收益，但如果有了保险，我们就可以保留这些收益。这就是为什么从很多方面来看，保险就像魔术一样。

纽约，在与"地狱厨房"（Hell's Kitchen）[①]比邻的密集建筑中一间昏暗而杂乱的公寓里，贝琳达·辛克莱每周要进行 10 次魔术表演。我在现场的那天，她的观众不超过 12 个。她端上

---

① "地狱厨房"是美国曼哈顿的一个区域。——编者注

茶，和每个人沟通，了解他们的想法、欲望和疑虑，并根据他们的性格定制她具有独特女性魅力的演出。

她是为数不多的进行演出的女魔术师，书写了女性在魔术界的辉煌历史。我们通常将魔术与男性联系起来，但是女性对这一"暗箱"艺术有着长期的但被低估的贡献。在魔术表演中，女性的角色通常是治疗师和神秘主义者，会做比如混合药水并揭示命运的表演。在19世纪的纽约，女性会在客厅主持小型的聚会并表演魔术，就像辛克莱所做的那样。当时是胡迪尼的时代，与男人联系在一起的是为大量观众表演幻术，而女人则只能担任魔术师的助手。

辛克莱说，我们被魔术吸引是因为它暗示人类有能力对一个通常是严酷而不可预知的世界赐予秩序并加以控制。魔术师可以挑战大自然残酷的随意性。相信魔术意味着相信有那么一批人，他们有能力控制重力、时间、空间，甚至死亡。如果他们能做到，也许我们都能做到，或者我们可以付钱让具有这些特殊天赋的人为我们提供服务。

当然，这种秩序只是错觉，是一个骗局。欺骗是魔术师所做的事情，也是你付钱去体验的事情。魔术师让你感觉舒适又可信，然后做出一些似乎挑战了所有引力定律和人类认知的事情。成功的魔法师往往既奇怪又极其讨人喜欢，这绝非巧合。魔术师完成一个魔术需要愚弄目标群体，这意味着要指挥他们看到和感受到什么。辛克莱不断调整自己，与观众的每种情感

第十章
保险：引入股票期权

表露配合，成功地做到了这点。大多数时候，在你与其他人互动时，他们通常不在乎你的感受，因为他们的精力会投入到想从互动中得到的东西上。如果某人非常了解你和你的需要，他或她就能对你产生影响，让你感到安全和信任。这就是魔术师要从观众那里得到的。

辛克莱的客厅用镜子和电线给人造成幻觉，她安排观众就座的策略是根据他们的身高，这样她对观众能看到什么就有一定的控制。她一直在观察所有人，比如那个中年男子，在她取出那张他在上面签过名字的卡片后，他的脸像小男孩一样显露出光彩。她将一枚硬币飘浮在那位坚定的怀疑者的手掌上，成功地让这位怀疑者信服了她的表演——这位怀疑者还是被他太太硬拉来看演出的呢。她在你的脑海中植入单词，然后猜出你正在想的那个。

辛克莱说话时能给人温暖；她50岁出头，但看起来不过35岁；她的脸被长长的灰色卷发勾出轮廓。不用奇怪，她年轻时就是一个模特。辛克莱从事过好多种职业。她仍然生活在纽约，离她成长起来的地方不过几个街区，她的大家庭就住在附近。

辛克莱曾是一名童星并就读一所表演艺术高中。但大学毕业后，她渴望成为一名医生并学习医学。她接受的培训中有一部分是照料医院里的患病儿童。有一天，医院让辛克莱为这些孩子表演一个节目，因为她有剧院演出和扮小丑的经验。她的表演太出色了，小孩子的父母甚至愿意出100美元请她去家里为孩子的生日宴会表演节目。

辛克莱认为,这是一个可以用来资助自己学业的常规收入来源。她跑去当地的一家魔术店,买了一些道具。在店里,她发现了很多道具定价太高,也不好玩。店里的男营业员怂恿她自己去设计出更好的魔术,于是她回家后钻研了第一个魔术——她到现在也不肯揭秘这个魔术。魔术店里的人对她的手艺印象深刻,于是给她提供了一份工作,让她演示店内的所有东西,其中包括他们销售的所有魔术道具和解析这些魔术原理的图纸。经过5年的演示,辛克莱获得了有关魔术的如百科全书一般的知识,"我学到了第一手的知识……在看到一个魔术时眼睛如何移动,手要如何操作,转移注意力又是如何起作用的……魔术迫使你停下来,观察和预测观众的反应。准备好行动和反应是一门艺术"。

她最终从医学院退学,开始利用她剧场演出的经验和魔术师合作,设计他们的舞台演出。辛克莱在29岁的时候,开始了自己的魔术表演。

她表演的是近景魔术,包括扑克牌和硬币魔术。辛克莱对自己的手法很有信心,她向我解释如何从一副牌中挑出一张特定的牌。因为拿住一张牌会让这张牌比其他牌略微热一点,它就会有很轻微的弯折,所以她可以在一副牌中找到它。另一个诀窍是:至少需要洗7次牌才会改变大部分牌的顺序,所以她要求她的观众洗3次牌。学会一个魔术并进行表演需要花一年以

第十章
保险：引入股票期权

上的时间进行练习。它需要手部具有一定的灵活性；对于每一个魔术，辛克莱都会训练手部肌肉，这样就可以把牌藏到手掌中。

我问她在表演魔术时会不会出错，辛克莱狡黠地一笑说："总是会出错。"但她的魔术不会失败。

"在那个时候，你转移他们的注意力，"她说，"那不算是欺骗——只是转移他们的注意力。如果我找不到那张牌，就会把整副牌交给他们并说：'检查一下牌，确保你那张牌仍然在里面。'这里的关键词是'仍然'。"

观众认为这是魔术表演的一部分，但这给了辛克莱机会去找出牌在哪里。所有的练习和多年的研究最终归结为掌握一个后备方案从而保证魔术能进行下去。不管这个后备方案是什么——角落里的一面镜子、让你的观众分神一秒，或是转移观众注意力——在你的后兜有一个额外的保险就能挽救一场节目。一次失败就足以摧毁信任，而信任是制造幻象所必需的。

辛克莱最关键的技能不在于她对魔术有多么深刻的理解，也不是能在掌心中藏牌，而是她挽救一个即将出错的魔术，而且即使出错还能让观众惊叹不已的能力。所有成功的魔术师必须掌握拯救的艺术。有些人甚至会分享他们的魔术是如何表演的。但他们一定会保留如何让自己更保险的秘密。对辛克莱来说，在一个小房间里，如此近距离下，观众可以看到所有的一切，她的保险就是花时间和精力来关注你，于是你会信任她，然后才会转移你的注意力。

保险就是魔术

保险就像魔术一样。它可以降低你的风险——这和对冲类似,但有一个重要的区别。进行对冲时,你必须冒更小的风险;为了降低某些事情出现严重问题的风险,你放弃了你潜在回报中额外的收益。风险越小,回报越少。保险似乎实现了难以想象的事情:对下跌有保护,对收益则没有限制。

例如,假设你决定成为商业捕蟹手——这可是世界上最危险的工作之一,因工作死亡或致残的可能性比当一名会计师要高多了。但所有的风险都有回报。在捕蟹季节,你一个月可以赚50 000美元,超过了大多数会计师一年的薪酬。在这种情况下进行对冲意味着避开最危险的捕捞区,比如白令海,那里天气最为恶劣,但也有最大的螃蟹。你承担较小的风险,也放弃了赚大钱的可能;也许你每个月只赚30 000美元而不是50 000美元,但你降低了致残或死亡的风险。

保险以不同的方式处理风险。你购买寿险或者残疾险是因为给家人提供保障对你来说是最重要的。如果你在危险的海面上出了一些糟糕的意外,你的家人仍然有收入,但同时你保留了在最危险的水域获得丰厚回报的可能。

你可以为你能想象到的任何东西投保:你的房子、你的寿命、你的工作能力、你的汽车或你的假期。一个模特可以为她的腿投保,歌手多莉·帕顿甚至为她的乳房投保。这些都是某些人付出一些代价让他人承担风险的例子。

但这种保障并不是免费的。你付给别人一笔保费，作为交换他们将承担你的下跌风险。收益在扣除保费的成本后仍然是你的。和魔术一样，人们经常对他们到底在为什么付费持怀疑态度。他们可能会怀疑为获得保护而付出这笔保费是否值得，有些人甚至会认为他们被骗了。

保险通常会是一笔好交易。像魔术一样，保险也可以让一些风险消失。那是因为将风险转移给保险公司通常是有效率的做法。假定一位模特想为自己不幸摔断腿而几个月没有收入的风险投保。如果她自我保险，她需要将所有损失的收入先存起来以防发生意外，因为此时她需要自己承担所有风险。但如果她购买保险，她只需向保险公司支付相当于收入损失的一小部分的费用，因为保险公司向数百名其他模特也销售同样的保险，但大部分模特不需要保险公司赔偿，因为摔断腿的概率还是非常低的。这就是保险公司分散风险的方式：它们将模特支付的所有保费汇集在一起，把这笔钱支付给某位不幸摔断腿而需要申请赔偿的模特。风险虽然还没有消除，但被降低了。假定某次时装秀上发生了一桩罕见的事故，不止一个模特摔断了腿，保险公司必须承担尾部风险，并支付那些受伤模特损失的收入作为赔偿。

购买保险比自己承担风险更有效。但如果没有为我们的风险提供保险的市场，我们在日常生活中会找到一种方法来进行自我保险。为应急计划付出代价是一种保险形式，它可以是向备用场所支付一笔定金，以防婚礼因下雨而无法举行，或者在徒步旅行时多背一些水以防因迷路而脱水。

辛克莱没法购买针对魔术失败的保险。也许有一天，魔术师将组成联盟并挽救彼此的表演，但那一天还未到来。相反，辛克莱花了数年时间学习如何与观众建立联系并控制他们所看到的内容。这样万一出现问题，她也可以拯救她的表演。她在磨炼技巧以挽救表演，以及与观众建立信任上花的时间就是她的保险。她可以享受一场出色的魔术表演带来的无限好处，而不用担心表演失败的风险。

即使我们无法购买商业保险，但它除了减少风险外还有另一项重要功能，即保险单可以买卖。为了促成这样的交易，消除下跌风险带来的价值需要有一个价格。即使我们不买保险，这个价格也有助于我们衡量风险并了解哪些情况相比其他情况更具风险。

期　权

金融资产也可以保险。你可以付钱给某人，为股票价格下跌太多投保。这种保险是一种称为股票期权的金融工具。这是一份合约，根据其中的条款约定，你可以在几个月或几年内以某个价格买入或者出售股票。假定你买入看跌期权，你会支付

第十章
保险：引入股票期权

一笔保费，而某人会向你保证在将来你可以用一个特定的价格将这些股票卖给他们。比如，你以 200 美元一股的价格购买了脸书的股票，你对该公司的未来持乐观态度，但有点担心它的股价会受到某些可疑新闻提供的故事的影响，而这会使股价在某天突然下跌。你可以购买一个看跌期权，让你有权在未来 6 个月的任何时间里以 150 美元的价格出售脸书的股票。看跌期权通过提供保险来抵抗脸书股票价格下跌的可能性。

还有一个例子：如果你购买看涨期权，就需要支付一笔保费，而某人会保证你在将来以某个特定的价格买入股票，而不管当时股票的市价是多少。例如，现在是 2016 年美国总统大选后的某一天。新总统偏好用推特作为沟通工具，所以你预计特朗普胜出后会让推特变成一家更值钱的公司。你认为推特的股价会在未来 6 个月内从 19 美元上涨到 40 美元，但还不想就此预测做出任何金融上的承诺。你可以用 2 美元买一个看涨期权，保证你以 30 美元的价格购入推特的股票。从现在开始的 6 个月内，你可以计划行使期权，以 30 美元购买推特股票然后以 40 美元出售，赚取不错的利润。

当然，没人知道 6 个月后会发生什么。2017 年 4 月 10 日，推特的股价跌到 14.30 美元一股，而且在当年再也没有回到 26 美元以上。如果你的期权只有 6 个月的期限，那么这个期权最终就是毫无价值的；你付出了 2 美元但什么也没得到。投资者使用看跌期权和看涨期权对股市会发生什么进行下注。

203

对冲

期权通过在某件事情发生时提供回报而降低风险，就像保险在你房子被焚或者你摔断腿后对你进行赔付一样。出于同样的理念，期权在某一个特定事件——比如说股价下跌或上涨（这取决于合约）——发生后，为你提供金钱。如果为股价下跌的风险投保，你不但降低了亏钱的风险，还仍然享有股价上升带来的无尽好处——当然要扣除为期权支付的保费。

期权是一种保险形式，但如果你拥有期权，不一定非要行权。期权可以是在某指定日期之前以特定价格出售或购买股票、提早支付抵押贷款，甚至是保持与伴侣的约会关系但不承诺婚姻。你不必现在就做出承诺——只需支付少量费用，你就可以在行动之前等待并观察事态发展。等待没有成本（也许你的伴侣会因此厌倦，但你还有股票投资组合让你在漫漫长夜感到温暖），因为你能确保用期权合约中的价格买入或售出，无论实际价格如何变化。

你可以像对冲或者其他降低风险的策略一样来使用期权，以放大而不是降低风险。例如，你可以把大赌注押在股市上升，并利用杠杆加大你的赌注。如果你赌错了，最终会输掉更多的钱，因为相比之下，你只买入一只崩盘的股票而遭遇的损失会更少一些。

也许你决定赌一赌，推特股票在6个月内会从19美元涨到40美元。你不用购入股票，你可以用每股2美元的价格买入10个看涨期权。这使你有权在未来6个月的任一时间内以30美元

第十章
保险：引入股票期权

的价格购入推特的股票。如果价格确实涨到了 40 美元，你会赚 80 美元 [80 美元 =（40 美元 — 30 美元）× 10 — 20 美元]。这比你购入一股推特股票而赚 21 美元多得多，但也存在更大的风险。如果股价跌到 17 美元，你的看涨期权就毫无价值，而且你损失了花在期权上的 20 美元。而如果你买了一股股票，只会损失 2 美元。期权可以放大收益和损失，类似于借钱进行风险投资。

大多数人认为，期权这样的金融衍生品是现代人的发明。这个发明给市场带来了影响，让市场风险更大。实际上期权已经被交易了数千年，人们对此保持警惕的时间也一样长。亚里士多德对追逐财富的人评价很低，他不赞成哲学家塔莱斯在预计橄榄会有好收成时，通过购买橄榄压榨机的看涨期权而大赚一笔的做法。

在过去，我们很难对风险的估计定价。这在 20 世纪 70 年代发生了变化。金融学教授费希尔·布莱克和迈伦·斯科尔斯研究出了一个期权定价公式。与此同时，另一位金融学教授罗伯特·C.默顿提出了一个解决期权定价问题的稳健的方法。他的模型基于一些容易观察和测量的特性，提供了一个快速而客观的方法来为风险定价。

一开始，他们在期权定价方面的工作看上去不过是另一个充斥着大量高深数学的学术谜团，但该论文描述的布莱克-斯科尔斯模型及其解决方案最终被证明是所有发表过的金融研究中最有影响力的方法之一。人们在 20 世纪 70 年代之前就开始了期权交易，但这些交易往往是为特定事务创建的，与塔莱斯和橄榄压榨机的主人接触并希望达成交易的方式一样。但世界变得越来越有风险，对保险的需求增长了，所以这种方法再也无法持续。随着经济不断发展以及联系越发紧密，对找到方法防范海外市场的投资风险有了更多的需求。这样的需求在不断增加，也因为世界更有风险，布雷顿森林体系规定的固定汇率不再存在，[①]油价和通胀急剧上升。更多的个人和机构正在设法应对这种风险。期权市场需要一种可靠、一致且可复制的方式为风险定价，这样市场才能增长并满足新的需求。

巧合的是，在布莱克、斯科尔斯和默顿发表论文后不久，芝加哥期货交易所成立了一个可以大量买卖期权的交易所。布莱克-斯科尔斯模型给出了所有人都同意的定价。同时，电子计算器的进步使得有可能在交易员的计算器中编入这个模型。1973 年，在交易所运营的第一天，只有 911 个看涨期权换手。[②]一年后，交易所的平均日成交量增加到 20 000 个合约。到 2016 年，仅在这一家交易所，每天平均有超过 400 万期权合约换手。[③]

保险的价格可以告诉我们某一情况的风险有多高，但是我们怎么知道为保险支付的价格是值得的？或者我们只是被骗了？布莱克-斯科尔斯模型帮助我们更好地了解是什么造成一种情

---

① 固定汇率制度在 1973 年崩塌；之后，汇率随市场而浮动，也变得更不确定。
② 一开始只有看涨期权可以交易。
③ 在世界各地开设了许多其他交易所。

第十章
保险：引入股票期权

况比另外一种情况更具风险。这是我们可以使用的一种工具，我们可以用它区分什么是好买卖，什么是诡计。

希腊字母与风险

期权（看跌期权或看涨期权）的价格仅取决于 4 个不同的参数。这些参数的重要程度可以告诉我们很多有关我们面临多大风险的信息。在布莱克－斯科尔斯模型中，这些关系称为"希腊字母"。

1. 维加（Vega）[①]：更大波动，更大风险

你首先应该看的是各种可能性的范围。第四章描述了风险评估，以及可能发生的事情的范围。我们通常将对风险的关注集中在最可能发生的事件范围——这称为波动率。这个范围越大，我们面临的风险就越大。一般来说，波动率越大，你就不得不放弃更多潜在收益来保护自己免受糟糕结果的影响。

不论何种情况，风险越大，我们为自己投保所支付的费用就会越多。就如同如果去往机场的高速公路上正在施工，到机场花费的时间就越多，这样我们就需要预留更多的时间去机场。

[①] Vega 不是希腊字母，但 Vega 值可以用来表示期权价格关于标的资产价格波动率的敏感程度——译者注。

2. 得尔塔（Delta）：你能赚钱的概率

接下来你要担心的是某件事情出错的可能性。你将两种有着相同波动率的情境加以比较，有时一个情境比另一个情境更需要保险。而你越有可能需要保险，这个保险就越贵。

佛罗里达州一所房子的台风保险费就高于亚利桑那州一所房子的台风保险费，因为佛罗里达州的居民更有可能需要这种保险。保险公司向高风险客户收取更高的费用——更容易生病的人、开车鲁莽的人，或者没有良好网络卫生①习惯的公司，白令海中的商业捕蟹手要比会计师支付更高的寿险费。

你上一次买机票的时候，有可能你也被搭售了一个选项但你根本没意识到。如第一章所述，航空公司保留了在航班超售的情况下将你从飞机上赶下来的选项。你的舱级越低或者说你的机票越便宜，你在被从飞机上赶下来的列表中就排得越靠前。你的机票如此便宜，部分原因是你被搭售了一个选项：如果飞机已满，你可以搭乘下一班飞机。你越是可能被踢下航班，该选项对航空公司的价值就越高，所以你的机票折扣就越大。

3. 西塔（Theta）：时间的价值

另一个考虑因素是风险将持续多久。某件事情是否存在下个月或下一年都会出问题的风险？你处于风险中的时间越久，

---

① 网络卫生与个人卫生相对。好的网络卫生习惯可以让公司的数据更安全，得到更好的保护。——译者注

面临的风险就越大。保险能保障你的时间越长，它就越贵。有一个常见的误解是，在风险出现之前有越多的时间意味着风险越小。

例如，你经常被告知在年轻的时候投资股票的风险较小，因为如果股市下跌，你还有很多年去弥补损失。这就是金融经济学家所说的"时间分散谬误"，因为上文说的假设是错误的。确实，市场很有可能在10年或20年内复苏，时间通常可以抹去一个巨大的损失。但这并不一定意味着风险较小，因为20年的投资意味着也有可能出现20年的糟糕回报。如果你只投资两年，那种可能性就不存在。根据你对此的看法，在市场上停留更长的时间会意味着更多的风险。

如果你希望增加婚姻幸福的概率，情况也是如此。女性面临着早早结婚的压力，不然就会成为"剩女"。但你找到一个人结婚的概率在中年（甚至更大年龄）之后仍然会很高，而你结婚时年龄越大，离婚的概率就越低。这不仅因为婚姻中可能出错的年限会较短，而且因为较晚结婚的人会更稳定、更成熟。早早结婚是一种风险。你会有更大的经济压力，而和你结婚的这个人可能成长为一个不同的人。

4. 柔（Rho）：无风险率

冒险通常也是一种选择。在一个下雨的夜晚，你可以坐在家里观看网飞，也可以去相亲。安全的选择有多吸引人很关键。

在网飞出现之前,电视提供的选择很有限。你可能更倾向于无论如何都要出门,因为待在家里肯定没有吸引力。现在,多亏有了流媒体,无风险的选择反而更好,约会的风险反而更高。我们有多重视风险——以及延伸一步,我们愿意为减少风险付出多少代价——经常取决于安全的替代方案提供了什么。

在金融领域,安全资产的价值在资产和衍生品定价中扮演了众多重要的角色。它是你不用冒任何风险就能赚到的钱。如果无风险或低风险选择差不多一样好,就没必要冒险。在这种情况下,冒险是不值得的。无风险也代表了进行风险投资需要的成本(回想一下我们在第九章中提及邮票套利时所讨论的5%的再抵押利息)。

安全选项的价值也推动了风险决策的许多方面。例如,它解释了为什么现在有些经济学家相信,大规模监禁可能导致而不是预防了更多的犯罪。你可能认为将更多人关进监狱会降低犯罪——毕竟,我们把罪犯带离了街道。但是大规模监禁过于极端,将许多非暴力罪犯送进了监狱。即使你是一个轻犯,入狱也会改变你。你在那里可能学到了违法技能,并且与其他罪犯建立连接。一旦你出狱,反倒有更多犯罪的机会。

真正重要的是,安全选项——远离犯罪——在你入狱之前的价值比较低。一旦你获释,你在法律世界中的选择就受到了限制。如果你是一个被定罪的重刑犯,就很难找到工作。

换句话说,在你入狱后,进行犯罪会更有吸引力,特别是

第十章
保险：引入股票期权

与守法生活——那个无风险的选项——相比的时候。这在一定程度上解释了为什么大约76%的罪犯会再次犯罪。

保险是带有契约的魔术

在几乎所有实践的方式上，魔术与保险非常不同。魔术是一种幻觉、一种骗局，而保险合同是法律文件。如果你发生车祸，或者股票价格低于某个水平，或者其他可保险事件发生，你都不会像魔术出错时那样孤立无援。某人在法律上有义务赔偿你。

保险只是偶尔会欺骗你——尽管许多人认为它总是如此。魔术才总是欺骗你，而这就是你去看魔术表演时期待的事情。许多人对保险合同持谨慎态度，因为它们有时很复杂、昂贵且不透明，就像你在购买飞机座位时无意中被搭售的那个选项一样。这个选项合同的条款隐藏在机票上用小号字体印出的文字里。你很有可能会生气——你也有权这么做，如果你并非出于自愿被无礼地带离飞机的话。

单纯的终身年金合同是另一个强有力和有价值的风险冲抵工具（见第三章的讨论），它是对长寿做出的保险。无论你有多长寿，保险公司都会付钱给你。它甚至可以增加你在退休后的开支，因为你将自身的风险与其他退休人员的风险汇总在一起。如果你害怕退休生活会用光所有积蓄，那么年金会是特别有价值的保险。不幸的是，有些经常被第三方经纪人兜售的年金名声不是太好，因为其中有隐藏的费用。

保险合同有很多变种，随着风险世界越来越复杂，合同也越来越复杂。不少合同提供了宝贵的风险保护，但有些合同的价值还不如印上这些合同的纸张，更不用说你支付的大额保费了。

作为消费者，你在购买保险时必须提出两个问题：

1. 保险到底涵盖了什么？

    你的目标是什么？你是不是真的在为某些对你构成威胁的东西投保？通常很有诱惑力的做法是为了涵盖一个我们不那么担心的风险或者已经有了保险的风险而购买保险。例如，租车时购买保险，但我们已经有了信用卡承担的保险；或购买电视机从墙上掉下来的保险，但我们通常会把电视机放在柜子上。

2. 要花多少钱？

    我们可以使用布莱克-斯科尔斯模型中的希腊字母来计算一份保险的价值是否值得我们支付保费：你是否面临高风险的情况？你需要保险的概率是多少？保单持续多久？如果你已经规避了该风险则可以省下多少保费？

第十章
保险：引入股票期权

期权是幻觉吗

自 2008 年金融危机以来，金融衍生品和为这些衍生品提供便利的模型（比如布莱克-斯科尔斯模型）就受到了广泛的批评。有一种批评认为，没有可靠的方法来定价风险，而模型让人错误地感到安心并鼓励了冒险。和辛克莱的魔术一样，这只是幻觉。

魔术是一种暗示人类似乎能对自然的残酷随意性施加控制的幻觉。有些人会对期权定价做出相同的评价，还可以对很多类似的东西做出如此评价。罗伯特·K.默顿是罗伯特·C.默顿的父亲，他是一个非常认真的业余魔术师，梦想成为一名专业魔术师。默顿这个名字是罗伯特·K.默顿使用的舞台艺名，巧妙地借用了"默林"这个名字①；他家原来的姓氏是施科尼克。老默顿的魔术生涯不算成功，但他成了一个知名的社会学家。"自证预言"以及"意外后果"是他提出的两个比较著名的概念。默顿理论中的某些方面与理解风险定价有关。

辛克莱认为，即便魔术是一种幻觉，也可以解锁人们的潜力："它能打开一种神奇感。我们的潜力比我们想象中要大。"你在魔术表演中体验的奇迹可以推动你去冒更大的风险，并意识到你真的有能力做更大的事业。如果魔术能释放出一种一切皆有

---

① 默林，多称梅林，是英国亚瑟王时期的一位著名魔法师，有关他的事迹可参见亚瑟王的故事。——译者注

可能的感觉，增强你提升潜能的信心，让通常不会发生的事情变得可能，它就变成了一种自证预言。从某种意义上讲，魔术变成了现实。辛克莱解释说："我让人感到自信、舒适、安全，然后他们就可以享受并玩耍。如果他们对自己感觉更好，那么魔法就发生了。"

当然，这种魔法从未存在过。由此看来，也可能不存在真正的风险价格。期权定价仅仅是在不确定市场中对风险做出的估计。但"风险价格从来不是一个精确的真理"这一事实忽略了风险模型以及从中派生的任何价格的要点。所有地图都不准确，因为它不会包括每一条小路和树木，但这并不能使地图变得毫无价值。地图的目的是给你指引方向，帮助你了解某些特性如何相互关联。这也是如布莱克-斯科尔斯这样的金融模型所做到的：它提供了一个一致、透明且易于使用的方法，来了解不同的因素——当前价格、波动率、时间——如何与风险价格关联，而且是以人人能理解且认可的方式。这就是它具有如此价值的原因。一旦每个人都同意如何计算价格并使用相同的模型，价格就是正确的。而这在混乱的市场中建立了某种秩序。

金融期权周围有魔法光环。在魔术和金融这两种世界里，控制感可以鼓励我们冒更大的风险。冒更大的风险可能是积极的，这是我们在生活中前进并实现伟大事业的方式。期权是保险合同，而保险能给我们提供安全感，但有时这意味着我们实际承担的风险比我们本应承担的多。

第十章
保险：引入股票期权

  这还不是全部。降低风险的技术（如期权）可以反向操作而放大风险。例如，期权可以用来在股票市场上下注，创造更多风险而不是减少风险。金融业的从业人员经常使用期权来承担更多风险而不是降低它。

  风险和安全之间的平衡需要技巧。但总的来说，金融衍生工具提供的保险能降低大多数风险。然而，如果发生像大萧条这样的系统性崩溃，代价都会非常高（但这种情况很少发生）。

第十一章

道德风险：带着保险去冲大浪

只有那些冒险走得太远的人，才有可能发现一个人可以走多远。

——托马斯·斯特尔那斯·艾略特

一张安全网可以在你掉下来的时候托住你，或者被用作弹簧床将你弹到更高。不仅如此，安全网放置在那里也可能鼓励你冒更大的风险。这不是说我们应该撤走安全网，但我们确实需要考虑我们应如何使用风险管理工具。在金融界或者政界，这不是人们愿意进行的对话，人们更容易将过度冒险归咎于安全网，而不是鲁莽使用安全网的人。

我去了瓦胡岛的北岸，寻找一个协会。该协会的成员采取更有效的方法来处理风险管理的缺点。他们是大浪冲浪者，他们的生命依赖于风险管理技术的使用，虽然那些相同的工具也会让他们面临更大的风险。

格雷格·朗说他是一个控制狂。你不怎么会用控制狂来描述一个看起来很酷的人——朗是一位大浪冲浪冠军选手，出生并成长于南加州海滩上——如果你刨根问底，他就会告诉你他在墨西哥海滩上露营过好几周，而且那里根本没有手机信号。

大浪冲浪者与普通冲浪者不同，他们不参加在人流量很大的海滩上举办的参赛者众多的小浪冲浪比赛，而是通常在很偏远的地方寻找高达 20~80 英尺[①]——有一幢建筑物那么高的浪。朗在冲浪协会很有名，不仅因为他是那一代人中最好的大浪冲浪者，还因为他在管理风险时采取的狂热做法。

朗 15 岁的时候和他父亲（一位救生员）及哥哥一起，在墨西哥下加利福尼亚州完成了第一次大浪冲浪。他的父亲教导他，在没有安全计划、最新的装备以及对情况不是完全了解时，永远不要进入水中。

在大家的想象中，大浪冲浪者是胆大妄为、追求刺激的人，盲目地追逐他们能找到的最大的浪。这样的描述不适用于朗或者我见到的其他大浪冲浪者。

"我从来不是一个对肾上腺素上瘾的人，"朗向我解释道，"也许我年轻的时候算是。但刺激主要来自（一个特定的）波浪、一种巨大的能量带来的力量，以及找出我必须去哪里才能冲到浪的挑战，还有每次都要学习如何在下一次做得更好。"

找到合适的波浪并不容易。这不仅仅是波浪大小的问题，因为顶级的浪必须满足几个条件：风必须正好，浪涌的能量足够高，两个连续波浪之间的距离正好。在入水之前是否了解这

[①] 1 英尺 =0.3048 米。——编者注

第十一章
道德风险：带着保险去冲大浪

些信息会是生与死的区别。冲浪者从他们的窗口看到一个大浪，召唤朋友过来冲浪的日子已经一去不复返了。朗是个自学成才的气象学家，他也与专业天气预报员也建立起私人关系。他搜集世界各地冲浪条件的数据，寻找理想的条件出现在何处——加利福尼亚州海滩、塔希提岛、夏威夷岛、南非、葡萄牙、爱尔兰。

海洋和天气就如同金融市场：受控的混乱。你可以计划和管理风险，但事情总是会出错。这样的情况于2012年12月21日发生在朗身上。他当时距离南加利福尼亚海岸100英里。朗的常规做法是，他不会听从机会的安排。他了解情况并拥有最新的安全装备。和任何一次探险一样，朗与一大队人一同出行，还有一个专门的救援队。对这次旅行来说，这意味着有6人乘坐水上摩托艇相随。冲浪者有一群摄影师陪同并不罕见。朗的摄影团队成员都是训练有素的水上专家，并且他们还乘坐着水上摩托艇，在必要时可以提供救援。

朗在一组五浪的第二浪中被卷走了，被拖入深水区。他拉下一个挂环，启动了他穿的充气背心。背心却没有按预设的那样充气并把他带回水面。朗被困在水下，巨大的海浪死死地压在他上面。

朗保持镇静。他接受过这种紧急情况的训练。他可以屏住呼吸五分半钟。朗必须做出决定：游向水面进行呼吸并得救或者等待第三波浪通过。等待下一波浪经过需要更加谨慎，而游到水面会消耗宝贵的能量和氧气。如果他在波浪正好碎裂时试着游向水面，那股力量会阻止他接触空气。但是朗的氧气快耗尽了，急着回到水面。他决定试一试。他接近水面时，下一波浪已经打在他身上了，而离空气还有 2 英尺的时候，朗又被推下了 30 英尺。第三波浪的力量将他肺部残余的空气震了出来，他进入休克状态。他身体痉挛，但必须与想要呼吸的本能进行斗争，不然他就会吸入海水。

在零氧气的情况下，朗用尽了他最后一次爆发的能量，抓住了他脚踝周围的皮带——这条皮带将他拴在冲浪板上。他顺着皮带爬上了他的冲浪板。此时冲浪板在水下 10 英尺。

他再次痉挛、麻木和全身抽搐。朗无法紧紧抓住冲浪板。随着第四波浪经过，他失去了意识。但庆幸的是，他仍然拴在冲浪板上，而冲浪板此时已经浮回了水面。另一名担当救援者的冲浪者沃尔什发现了朗的冲浪板，潜下水救了他。朗被放置在一个附在水上摩托艇上的雪橇上，并被带往停泊在附近的探险队船只上。

朗登船后就恢复了意识。他还处在休克状态，并咳出了血沫。他先进行了吸氧，然后被空运到一家医院接受治疗。没过几天，虽然那次体验仍然在他脑海中盘旋，但他还是回到了北加利福尼亚州小牛冲浪队的阵营中。"冲大浪曾以最美妙的方式在我的梦中出现，"他对《冲浪杂志》(*Surfing Magazine*) 说，"如今它以噩梦的形式出现。"

第十一章
道德风险:带着保险去冲大浪

冲大浪者和精算师一样,区别只是皮肤晒得更漂亮

你可能不会想到一个大浪冲浪者和一个金融工程师能有很多共同点。但他们都面临同样的问题:虽然保险消除了下跌风险并留给我们无限的收益空间,但这让我们有了动机和能力去冒更大的风险。

这就是人们对现代金融保持警惕的一个重要原因。监管方努力约束过度冒险行为,同时仍然想获得由旨在降低市场风险的风险缓解工具带来的好处。但他们不是唯一寻求正确平衡的人。

我在大浪冲浪者举行的风险会议上寻找答案。如今,风险会议通常是我的领域(我毕竟是一个退休经济学研究者),所以起初看到冲浪者走出他们的自然栖息地而走进只有一扇小窗、霓虹灯闪耀的酒店会议室时,我多少觉得有点奇怪。在很多方面,大浪风险评估小组(Big Wave Risk Assessment Group,简称 BWRAG)在瓦胡岛北海岸召开的安全峰会和我参加过的其他风险会议不同。每个人(除了我)都晒得黝黑,但身体状况极佳——即使是那些 60 岁出头的与会者也是如此。大多数人都穿着短裤、T恤和人字拖。这一天的议程包括由深海潜水员主导的如何屏住呼吸的研讨会。特种部队前官员教导我们如何绑止血带并用笔进行紧急气管切开术。在某个时刻,有人用了"多瘤"(gnarly)这个词,不过是作为一个技术术语。我甚至还重

对　冲

新申请了我的 CPR（心肺复苏术）证书。

但在其他方面，大浪安全峰会就像是一次养老金风险会议：大多数与会者都是男性，绝大多数时间在看幻灯片上的数字和图表，并就谁有责任进行风险监管进行激烈的讨论。冲浪者还就如何最小化风险分享了最新的工具，讨论了如何通过预估概率将不确定性转化为风险的技术。①

会议的目标是将风险科学应用于大浪冲浪。冲浪者不是冲进海洋而希望有最好的结果，而是接受风险"艺术"的学习：如何形成经过计算的、事先知晓的风险评估。他们用的风险缓冲工具似乎与金融市场中的有所不同，但有类似的用途。冲浪者组成训练有素的团队，以提高成功救援的概率（多样化）。他们监测波浪状况，识别危险（鲨鱼、人群、岩石、深水、寒流），并对事情会出错的机会做出概率估计。这就是冲浪者就安全冲大浪带来的快感而做出的事先知晓的平衡（对冲）。他们还使用最新的技术在翻倒的时候拯救自己（保险）。

一些技术的技术含量不高而且是常识。比如，波浪倾向于以成组或成套的方式涌来。如果你知道在你面前可冲浪的波浪是一组五浪的一部分，那么对冲策略就是冲第四个浪，哪怕第一个浪更大。这样一来，在冲完浪或者翻倒后，你不会被下一个大浪砸到或者被压在水下。朗说他通常会冲一组浪中较后面

---

① 我们要向格尔德·吉戈伦泽尔致敬：冲浪者受到启发，改用频率而不是单纯的概率来考虑问题。

第十一章
道德风险：带着保险去冲大浪

的浪。2012年的那天是一个例外。他出海已经超过了4个小时，已经错过了不少大浪，但发现一组浪中后面的浪要么太小要么无法冲浪。他冲的第二浪是当天第一个大型五波浪组的一部分。

大浪安全峰会在著名冲浪运动员赛恩·米洛斯基淹死在北加利福尼亚州海岸后开始举办。冲浪者决定，有必要建立更多的安全和培训机制，通过大量实践以降低风险。大浪风险评估小组将冲浪者聚在一起，把安全放在首位并了解最新的风险管理技术。

在技术不断地改变着大浪冲浪的情况下，风险意识比以前更加重要。在最新技术的支持下，一项由几个人冲20~30英尺浪的运动转变成一种科学努力，可以去冲50英尺甚至80英尺的浪。如果使用得当，技术可以增强能力，但不能取而代之。问题在于，很多冲浪者利用技术来弥补他们游泳和冲浪能力上的不足。

异母兄弟

布莱恩·基乌拉纳是大浪风险评估小组的创始人之一。他在大浪冲浪界的地位等同于罗伯特·C.默顿在金融界的地位。默顿使金融市场广泛使用期权，让人们能通过保险来抵抗下跌而承担市场风险。基乌拉纳在大浪冲浪中引入了水上摩托艇这一先进的工具，用于拯救翻倒了的冲浪者。水上摩托艇救了格雷格·朗的命。

水上摩托艇可以穿越汹涌的水域，因此受伤的冲浪者可以很快被带到岸边接受医疗救助。它们是卓有成效的保险：在出现问题后可以提供保护，但同时仍然提供冲大浪带来的无限好处。

基乌拉纳50多岁，是夏威夷大浪冲浪者，前救生员，现在是著名的特技演员。他在《海滩救护队》中出演了自己。基乌拉纳在说到夏威夷人了解水、敬畏水的价值观时，十分骄傲。他将自己的精神和对传统的崇敬结合到对技术的热爱以及对现代风险管理策略的强烈兴趣中。他自豪地展示了他最新的苹果手表，并解释说它可以防水，所以当他在海上时，他可以打电话并协调救援。

就像默顿一样，基乌拉纳深受他父亲的影响。他的父亲是"公牛"——理查德·基乌拉纳，一位大浪冲浪的传奇人物。

日本海外延近4 000英里的无阻碍的海洋在瓦胡岛北岸结束，此处产生了世界上最大的海浪。当冲浪者于20世纪50年代来到夏威夷冲北海岸的大浪时，"公牛"是一名救生员。那是大浪冲浪的黄金时代，"公牛"在这项运动中留下了自己的印记。作为大浪冲浪的分水岭，他的长期合作伙伴格雷格·诺尔（格雷格·朗取了他的名字）在1969年冲了一个赫赫有名的35英尺高的浪。这是当时人类冲过的最大的浪。

"公牛"在水中抚养他的孩子长大。如今他已经80多岁，

第十一章
道德风险：带着保险去冲大浪

宛如一个大浪冲浪王朝的族长。他停止冲浪只有几年的时间。"冲浪是青春之泉。"他的儿子布莱恩这样解释。

20世纪80年代后期，布莱恩·基乌拉纳在威美亚海湾参加了最重要的冲浪比赛之一——埃迪冲浪赛（以冲浪者埃迪·爱考命名）。基乌拉纳在汹涌的水中翻倒了，他一边游着，一边回想起一个最近翻倒而淹死的冲浪者，而基乌拉纳是当时的值班救生员。那时，因为海面实在是太激荡了，他游不到冲浪者身边。现在，基乌拉纳发现自己处于同样的境地。当他游出汹涌的海浪时，他的朋友史奎迪驾着一辆站立式水上摩托艇靠近了他，问他是否还好。史奎迪没法用站立式水上摩托艇对他施救，但对基乌拉纳来说，"光明还在继续"。他意识到，水上摩托艇可以让他来到处于糟糕处境的冲浪者身边，能挽救更多的人。

从埃迪冲浪赛回家的路上，基乌拉纳仔细阅读了他能找到的所有的关于水上摩托艇的文献。雅马哈最近发布了WaveRunner，一种可以在最危险的水域进行营救的坐式摩托艇。基乌拉纳申请了贷款，买了一辆这种摩托艇并开始实验。经过反复试验，他将一块小型冲浪板附在摩托艇后面作为最早的救援雪橇，并开始将水上摩托艇用于救援行动。

几年后，基乌拉纳和另一名救生员使用水上摩托艇拯救了7名被冲入大海的冲浪者。回到海滩后，基乌拉纳因不正确使用水上摩托艇而吃到了一张罚单，因为那时水上摩托艇只有用于娱乐的许可。基乌拉纳成功地取消了罚单并开始游说当地政客修订法律，解释水上摩托艇可以使海上救援更加有效。

法律进行了修订，基乌拉纳帮助制定了标准并提供使用水上摩托艇进行水上救援的训练。如今，冲浪者挑战大浪的时候有一艘水上摩托艇停在水中是常规的做法。回想起第一次带着水上摩托艇前往某次重大冲浪比赛的情景，基乌拉纳笑了。在基乌拉纳吃午饭的时候，冲浪者甚至停止了比赛，因为他们拒绝冲浪，除非基乌拉纳乘坐水上摩托艇在周围巡视。

在基乌拉纳引入水上摩托艇后不久，传奇大浪冲浪者莱尔德·汉密尔顿也开始使用水上摩托艇，从而将这项运动带到了新的高度。冲浪者不断渴望大浪，但以往他们可以冲到的浪的大小总有限制，因为冲浪者很难划水划得足够快而赶上大浪。汉密尔顿和他的朋友们开始使用水上摩托艇将自己送到大浪上——靠冲浪者划水是没法冲到这样的大浪上的。这种方式称为牵引式冲浪。这项技术使冲 70 英尺或 80 英尺的浪成为可能。

基乌拉纳自己玩过几次牵引式冲浪，对水上摩托艇会如何改变这项运动似乎一点也不担心。但他担心的是，人们把这项技术当作依靠，在超出其技能水平的情况下冲浪。"它被滥用了。也许人们应该进入 10 英尺深而不是 20 英尺深的水中。他们依赖水上摩托艇来拯救他们，但理由不对——他们只是要引人注意，进行练习。他们依赖水上摩托艇和救生员来救他们。一个（冲大浪的）人甚至对我说：'看好我，我水平不是太高。'"

第十一章
道德风险：带着保险去冲大浪

1975 年，芝加哥大学经济学家萨姆·佩尔兹曼注意到，汽车安全性提升后反而发生了更多起事故，因为人们在驾车时会更多地去冒险。动力转向、防抱死刹车、安全带的广泛使用，以及智能驾驶助手在我们离另一辆车或行人太近的时候给出的警报……这些都使汽车比以往更安全了，但我们也开得更快了。因为技术赋予了一种安全，我们便会冒更大的风险，这称为"佩尔兹曼效应"。

我们经常担心技术，因为它意味着变化，但它带来的真正的坏处是：因为它让我们感觉更安全，于是我们最终敢冒更大的风险。

冲浪者、金融家和我们其他人面临的挑战是：如何避免"佩尔兹曼效应"并以较低风险的方式使用技术，哪怕技术提供了更多让我们冒险的机会。

金融巨浪

大浪冲浪中的水上摩托艇起到了金融市场中股票期权同样的作用。两者都可以作为为下跌风险投保的一种方式，并且仍然保持无限的收益空间。两者都可以用来冒更大的风险，使用更高的杠杆以放大回报或冲 80 英尺的巨浪。但这些巨大的风险给其他人带来了成本。金融中过度冒险会将风险扩散，然后有时需要政府救助。一旦冲浪者需要救援时，资源就会转移，没法帮助有需要的人,并且救援人员的生命也会受到威胁,而且如果必须要求海岸警卫队协助,还会有额外的费用。

安全创新使人们——无论是新手还是专家——能够承担更多风险。有时候,即使对那些训练有素、经验丰富的人来说,这样的冒险也会错得离谱。在过去20年死亡的冲浪者中,不乏马利克·茹瓦耶、赛恩·米洛斯基以及柯克·帕斯莫尔这样的高手。

罗伯特·C.默顿和迈伦·斯科尔斯的公式促进了期权市场的增长。他们也是长期资本管理公司(Long-Term Capital Management,简称LTCM)的合伙人。这个对冲基金冒了太大的风险,几乎造成了金融危机。该基金成立于1994年,汇聚了市场上最好的行业高手和学术明星。它的主要策略是,利用两种期限几乎相同的债券之间的微小价格差异来获利。这一微小差异带来的利润很小,于是基金加大杠杆(负对冲)来放大风险和预期回报。冒险在一开始得到了回报,并在1995年和1996年带来稳定的高回报(扣除费用后为40%),1997年略低于20%。

1997年底,合作伙伴(经过多次辩论后)决定向LTCM的投资者返还约27亿美元的本金。本金返还后,公司的杠杆率更高了,不仅增加了合伙人获得更大利润的可能,也增加了一旦出了什么问题就会破产的风险。到1998年初,LTCM的资本金数额约为48亿美元,但借款超过1 245亿美元,杠杆率达到

第十一章
道德风险：带着保险去冲大浪

25∶1。[1] 返还本金最终被证明是个错误的决定。

几个月后，俄罗斯货币贬值并发生了债务违约。亚洲金融危机紧随其后。LTCM 使用风险工具——多样化、对冲和保险——来减少与它们的杠杆相关联的风险。但基金很快发现了工具的局限性，应该能提供对冲的资产突然无法提供对冲，使债券之间的小幅差异变得更大了。

LTCM 在 1998 年出现亏损，在 8 个月内，48 亿美元仅剩 23 亿美元。按照这个速度，LTCM 无法偿还加杠杆欠下的钱。基金还需要资金来维持运营，但没有人愿意借钱给他们。

像 LTCM 面临的情况所造成的损害通常仅限于基金的投资者和合伙人。但在本例中，风险波及 LTCM 之外的机构。LTCM 有很大一部分业务是作为想要拥有不同期限债券的银行之间的中间人。LTCM 是这个市场中的大玩家，所以大多数大型银行都会陷入困境：它们持有不想要的债券，而且无法在 LTCM 违约时售出。

纽约联邦储备银行促成了一笔交易，14 家金融公司筹集了 36 亿美元收购了 LTCM 公司 90% 的股份。资本注入止住了损失：债务得以偿还，市场平静下来，最终 LTCM 解散。到最后，合伙人和仅剩的几个投资者输光了他们投入的所有资本以及之前

---

[1] 杠杆率是负债与资本的比率。对股东来说，这个比率越高，风险就越大，因为他们分享利润；基金表现出色时有巨额回报，但失败时就一无所有。债券持有者无论如何都要得到偿付。

靠基金赚的钱。购买了90%股份的银行赚了钱，市场保持稳定。这是一场差点酿成悲剧的大祸。

LTCM所发生的事情经常作为复杂风险模型的失败案例。但找出到底出了什么问题要简单得多。本质上说，基金为寻求更高回报而冒了太大的风险。风险模型无法对可能发生的一切负责，也不应该负责。一个25∶1的杠杆率相当于冲80英尺的浪。你可以进行所有的研究，带上水上摩托艇，穿上充气背心，但是海洋和金融市场并不总是可以预测的。没有办法确保一个80英尺的波浪完全安全，同样也没有办法让一个25∶1的杠杆率无风险。

黄金时代不再

事情不总是那么复杂。20世纪五六十年代，金融市场的投资者只限于少数能承担损失的人，也没有用数以百万计的复杂衍生品来对冲风险。在"公牛"年轻时，只有几十个大浪冲浪者，他们甚至没有用皮带把自己绑到长冲浪板上（这项重要的安全创新于20世纪70年代引入）。在冲浪皮带和水上摩托艇引入之前，一旦冲浪者翻倒且丢了冲浪板后，他们可能需要游十几英里才能找到一个安全的地方上岸。在那个时代，大浪冲浪者都是出色的游泳选手，对海洋了如指掌。今天，几乎所有冲浪者的冲浪板上都会绑上皮带。皮带首次引入后，让比较差的游泳

第十一章
道德风险：带着保险去冲大浪

者也更容易进行冲浪。从引入的那一刻起，皮带在冲浪界就引起了争议和分歧，因为有了皮带后，就意味着不熟练的冲浪者也能入水。

"梅尔大叔"——梅尔文·普是另一位站在风险最前沿的冲浪者。他是一个体型庞大且圆润的秃头男人，是8个孩子的父亲。他在很小的时候成为孤儿并被基乌拉纳家族收养。"梅尔大叔"和布莱恩·基乌拉纳一起长大，他们亲如兄弟，一起冲浪、救生。他们十分默契，仅凭眼神就能猜出对方要说的话。

"梅尔大叔"、基乌拉纳和我离开大浪安全峰会并稍事休息。我们就"佩尔兹曼效应"——或者他们所说的"安全这把'双刃剑'"——进行了生动的讨论。我问的问题是，如果没有这些技术，如果我们能回到更简单的时光——那时只有训练有素、具备像"公牛"这样超级游泳技术的人才能够入水——冲浪是否会更好？没有防水的苹果手表、水上摩托艇，也没有不能成为冲浪者的冲浪者？"我的答案是不会。"梅尔大叔回答道。

> 我们会有更多的死亡。现在冲浪业发展到的水平和规模是20世纪50年代初期不曾达到的。现在有这么多风险但也有更多的机会。一旦有这样的机会和技术，就会有人不断推动极限——但这是一把"双刃剑"。会有不该去冲浪的人利用手头掌握的技术去冲浪……问题在于，也许更好的做法是我们没有所有这些安全工具，但它已经成为一种必需。

"这也帮助我们理解自己在思想和身体上的极限。"基乌拉纳补充说。

因为我们永远无法在不使用技术的情况下测试我们的极限。之前没有人冲过北岸。去那里的大部分是军人，他们死了，然后我们获得了更好的冲浪板和想法：哦！我们可以在这里冲浪！然后有了水上摩托艇，我们去了外礁。通过恰当运用科技，我们提升了在那样的环境中的想法和身体能做到的极限，但需要给合适的人配备合适的装备。

我问过他们关于冲浪黄金时代的一个问题——但是人们对金融市场的黄金时代通常也会问同样的问题。逻辑是这样的，如果来自布莱克-斯科尔斯模型的金融衍生品消失，我们回归更小也更简单的金融市场，这样一来这个世界会不会变得更好？当我向"梅尔大叔"和基乌拉纳提出这样的问题时，他们反问我的第一个问题是："（那些金融衍生品）是不是用来骗人的？"但就像水上摩托艇和充气背心为想要追求更大波浪的冲浪者提供安全保障一样，大多数金融创新的初衷都是想方设法为投资者提供安全保障并使投资者仍然能从冒险中获得一些好处。

在冲浪和金融领域，更好的保险意味着更多的机会、更大的成长。金融创新承诺提供价格更低、风险更小的产品来为新

第十一章
道德风险：带着保险去冲大浪

科技融资。随着技术的发展，为其提供资金的金融工具也同时得以发展。使风险管理成为可能的金融方面的创新，可以解释从古罗马帝国的崛起到现代城市的发展。20世纪70年代以来的金融演化让人们能承担更大的风险，这意味着有更多的财富流向贫穷国家，它们有了更多的发展机会并减少了全球贫困。在较富裕国家，金融创新使我们今日享有的进步成为可能。更加全球化、更加融合的世界经济需要20世纪五六十年代还不曾存在的金融工具。

有时，冒险并不会成功，但这是我们为经济增长和繁荣付出的代价。诀窍是找到方法去限制冒险失败带来的连带伤害。

我们如何做得更好

安全的创新可能意味着承担更多的风险，但总体而言我们会更安全、更富有。20世纪70年代以来，尽管我们驾驶的里程数更多，交通事故死亡人数却一直在下降。但从2016年开始，这一趋势发生逆转，致命事故的数量略有上升。交通事故数量增加的一个原因是手机。手机让我们更安全，因为如果出现问题，我们可以寻求帮助，但也使驾驶更危险——如果你在手握方向盘时发短信。

有了金融衍生品，更多的人会去投资，这意味着更多的财富。投资更愿意流入之前未曾涉足的经济领域，这意味着更多的小企业和发展中国家获得了资本。但有时风险不会得到回报，每个人都会受影响，哪怕我们总体上更好了。

任何风险创新都能让我们承担更多风险，这正是有必要定期修订法律的原因，不管是在金融市场、汽车业还是冲浪界。布莱恩·基乌拉纳做的事情应该成为我们，特别是监管机构如何处理安全创新的样板。他发现水上摩托艇是一种有用的安全装置后，首先改变了它的规则。然后他专注于教导人们如何负责任地使用这些工具。现在夏威夷岛要求在进行牵引式冲浪时，需获得水上摩托艇驾驶执照。

我们大多数人没那么走运，能认识像基乌拉纳这样能为某个行业提供其所需的智力引领力的人。诸如高速公路上的限速、银行资本充足率这样的规则，可以阻止我们中的某些人去冒更大风险。但只要我们不断创新，并创造出降低风险的新方法，从而有机会去冒更大风险，规则就将持续被改写以便赶上最新的创新的步伐。

说到底，我们需要注意我们承担的风险。风险提供了获得更多的可能性，风险管理工具旨在让我们获得更多的同时冒更少的风险。正确使用工具需要我们保持对目标的专注，并只冒足够的风险来实现目标。基乌拉纳和大浪风险评估小组旨在让冲浪者对风险更有想法，这样他们就不会承担超出承受能力的风险，但仍可以享受冲大浪带来的好处。

现代世界向你提供了承担超出你承受能力的风险的机会，

第十一章
道德风险:带着保险去冲大浪

例如,你在根本不会游泳时就去冲 50 英尺的浪,或者利用某个金融衍生品而大量加杠杆来赌一只股票。这些选择中的每一个,都提供了获得巨额回报的可能性。但值得一问的是,回报是否真的是你的目标,是否值得你在满是鲨鱼的水域中游泳来完成这个目标呢?

规则 5
不确定性无处不在

"人类一思考，上帝就发笑"是一句意第绪谚语，可以用来描述风险管理。风险是你能想象到的在未来会发生的一切。风险管理是对我们预见到的风险加以控制。但有时候，有些事情会以你无法想象或者预估的方式发生。

即使是最好的风险策略和最准确的风险评估都不能面面俱到，算无遗策。我们可能基于数据的概率估算做出选择，但大多数时间，我们只能做到这种程度。这虽然能帮助我们在 90% 的时间里降低风险，但我们如何处理剩下的 10% 呢？这 10% 就是奈特氏不确定性（Knightian uncertainty），是我们无法预测的风险，[①] 或者如美国前国防部长唐纳德·拉姆斯菲尔德所说的"未知的未知"。

第十二章解释了如何为不确定性做好准备。有些人对风险管理持怀疑态度，因为它只能保护我们免受可以制订计划进行处理的风险的影响，将我们带入虚假的安全感。但我们也有可能为无法规划的风险做出规划。它通常归结为管理你能想到的风险，同时保留恰当的灵活性来应对意外。

[①] 经济学家弗兰克·奈特在 1921 年首次区分了风险（你可以进行测算的概率）和不确定性（不可预知的东西）。为了纪念他，这一类不确定性通常称为"奈特氏不确定性"。

第十二章

不确定性：战争迷雾

计划毫无价值，但制订计划就是一切。

——德怀特·D. 艾森豪威尔

可以说，没有任何机构可以像军方那样将那么多资源投入风险管理。如果军队的计划出错，就会付出巨大的代价，而军队不可避免地会出错。谈到战争时，一切都是不确定的，事情很少按计划进行。

没有人能预测一个风险决策最终会如何，即便赌注很小。风险评估是我们对于会发生什么做出的最佳猜测，而风险管理将对你有利的概率进行叠加。但这一切都需要假定我们的风险估计是有效的，我们可以预见到大多数风险的可能性。但剩下的不确定性和我们从来不认为会发生的事情又怎么办？我们如何为无法想象的东西做出计划？

退役将军麦克马斯特是军事界的传奇人物，因为他取得了众多决定性战役的胜利。他更出名的时期是他在白宫任职的那几年——充满动荡的几年。当时他是特朗普总统的第二位国家安全顾问。但许多人不知道的是,他也是一个厉害的战争风险专家,知道如何为不确定性进行规划。

东 73 之战

1991年2月23日,美军第二装甲骑兵团第二中队的鹰队穿越了沙特——伊拉克边境。这是沙漠风暴行动中地面行动的开始。该团的任务是从西面包围和击败伊拉克共和国卫队。

鹰队由麦克马斯特上尉指挥。毕业于西点军校的他当时28岁。他指挥着鹰队的140名战士,他们被编成两个坦克排。士兵们的士气很高,大部分人没有见识过战斗,对能深入敌后兴奋不已。自美国上一次采取大型战争行动以来,已经过去了一代人的时间。士兵们虽然接受了训练,但他们从未想到真的会参战。

海湾战争是自越战以来美国人打的第一场战争。像所有战争一样,军队的最高领袖进行了缜密的风险规划。五角大楼进行了模拟,试图预测所有可能发生的事情。他们确定哪些战术和装备可以将最坏的结果带来的损失降到最低。军方为最坏的情况做出准备,他们预计将牺牲数万名美军士兵才能将萨达姆·侯赛因从科威特清除出去。在某种程度上,这些预测是基于越南战争,以及伊拉克军队的装备和训练情况的情报。

鹰队既紧张又兴奋。他们期待碰到一个强大的敌人,但在

第十二章
不确定性：战争迷雾

过境后的前几天，麦克马斯特和他的部队听到了装甲骑兵团中其他部队如何轻易击败伊拉克军队的故事，他们十分惊讶。

24日晚上，一支鹰队侦察兵发现了伊拉克士兵。麦克马斯特命令坦克开火，杀死了一些伊拉克人；有几个伊拉克士兵逃跑了，还有一些投降了。这是鹰队第一次与敌人发生遭遇战。战斗进行得又快又简单。这不是他们想要的。麦克马斯特警告士兵不要太骄傲。部队还没有遇到共和国卫队——伊拉克军队中的精锐进攻部队。

在接下来的几天，鹰队继续向伊拉克挺进。士兵们第一次看到被多国部队杀死的伊拉克人。他们也遇到了伊拉克士兵。这些士兵扔掉武器，有些人兴高采烈地向鹰队问好，竖起了大拇指，似乎在为美军欢呼。麦克马斯特对他们的描述是，他们绝望地想要水和食物，"他们衣衫褴褛，疲惫不堪，蓄着八字胡，黑头发，除了一身统一的绿色制服和靴子外，什么也没有"。

26日早晨，鹰队醒来的时候发现大雾弥漫。大雾最终散去，但沙尘暴随之而来。风暴使空中骑兵团停飞，这意味着如果士兵们在作战中受伤并需要撤退以进行医疗救助的时候，部队将得不到任何空中支援。

上午10点之前，鹰队发现三辆伊拉克坦克正在执行侦察任务。该团的另一支部队已经摧毁了其中两辆坦克，现在轮到麦克马斯特处理第三辆坦克了。他通过无线电呼叫："那辆MTLB

（就是那辆伊拉克坦克）上有没有我的名字？"响应是："收到！坦克上都是您的名字。"

坦克远在两千米以外。麦克马斯特的坦克电脑基于风向和目标的速度进行了计算。他等待时机来临，大吼一声："打！"

伊拉克坦克应声爆炸起火。此时，大炮的轰鸣声在麦克马斯特乘坐的坦克仓内回响，坦克仓内弥漫着火药的味道。他的士兵们责备他不让他们开火射击伊拉克坦克——每个人都想参与这样的行动。鹰队因开拔和驻营过于频繁而沮丧和焦虑。他们之前还没有打过哪怕是一场小仗，但不久就将面对伊拉克共和国卫队。一旦他们处于猛烈的火力之下，片刻的犹豫就会付出生命的代价。

他们向前推进，任务是占领更多的区域。中午之前，他们来到了东60〔一种以米表示的（向东）距离的测量单位〕。下午3点25分，他们收到命令，前进到东70但不要更远。虽然他们知道目标的大致位置，但鹰队没有收到他们将面对什么的详细情报。麦克马斯特有一种直觉，他们正在接近敌人。他告诉部队："这就是我们等待的那一刻。"

沙尘暴意味着能见度差，并且他们没有地图，他们在穿行沙漠的时候没有意识到他们边上就有一条平行的道路。他们也不知道他们正在进入共和国卫队塔瓦卡尔纳师这支精英部队的训练场。这支精英部队的任务就是阻止鹰队进入科威特。

敌军指挥官穆罕默德少校（曾在佐治亚州的贝宁堡受训，

第十二章
不确定性：战争迷雾

当时伊拉克和美国还是盟友）的计划是，在道路分叉处的村子那里稳守他的位置。他不知道美国人有导航设备，可以不用待在路上而是直接横穿沙漠。这项技术是全新的：海湾战争是第一次 GPS（全球定位系统）的战争，它让鹰队无须依赖传统地图和道路。穆罕默德少校加强了他沿路的防守位置，并准备一旦敌军进入村子就将他们消灭。数百名伊拉克士兵待在地堡内，等着 140 人编制的鹰队。

但鹰队从沙漠而不是公路接近，绕过了村庄。这让伊拉克军队大感意外。鹰队向伊拉克军队开火，并将坦克排成 V 形前进，向他们持续施压。

到了下午 4 点 18 分，沙尘暴仍在继续。坦克排冲上了沙漠的陡坡，遭遇了伊拉克共和国卫队的大部队。这是鹰队进入敌方领土后，第一次遭遇猛烈的炮火。随后的 23 分钟，爆发了海湾战争中最具戏剧性和决定性的战役。

鹰队缺乏战斗经验，但训练有素。他们并没有乱，而是迅速回击并压制了敌人。麦克马斯特回忆道："我对部队的反应感到骄傲。炮火降临（被攻击）是很难在训练中重现的场景，但士兵的反应和我们练习的完全一致。"

实践和培训当然至关重要，但鹰队也很幸运。沙尘暴意味着所有人的视野都不好，但鹰队有更好的技术，所以他们仍然可以找到伊拉克的防守部队并让敌人大吃一惊。

鹰队向东推进，遭遇了更多的伊拉克士兵。敌人的防御能力比上一次更强,有30辆坦克、14辆其他类型的装甲车和数百名步兵。这支部队比鹰队人数多得多。但鹰队卓越的训练、更好的装备和沙尘天气等意外因素远远补偿了他们人数较少、地形不熟的弱点。

战斗进行得很快。鹰队在几分钟内就摧毁了数十辆伊拉克坦克,并准备向东推进。正在这时,指挥所的一位中尉通过无线电告诉麦克马斯特,他已经走得太远并且不应该穿越东70。麦克马斯特说:"告诉他们,我不会后退。"然后继续前进。

麦克马斯特在25年之后反思这一决定,仍然认为他做出了正确的选择。当跨过了东70后,鹰队让另一支伊拉克预备役部队——这支部队正在备战过程中——吃了一惊并击败了他们。如果他们按照指示停在3 000千米之外,伊拉克人就会重新组织起来并发起有效的反击。麦克马斯特在对此次战役所做的详细说明中解释了他的决定:

> 如果我们停下来,就会失去我们对敌方施加的震撼效果。如果我们停下来,就给了更东面的敌人组织起来的机会,让他们对我们采取行动,而我们会暴露并变成他们的固定目标。我们有优势,必须快速结束战斗。我们要不断进攻直到所有敌人被摧毁或者投降。

他们继续进攻,取得了进一步的胜利。下午4点40分,他

第十二章
不确定性：战争迷雾

们终于停了下来，离东 74 只有一点距离。战斗停止了。

鹰队没有人员伤亡[①]并击败了伊拉克一整个营最好的士兵和一支配备超过鹰队 10 倍坦克数量的更大的部队。这场战斗，特别是其中关键的 23 分钟，被称为"东 73 之战"，是海湾战争中最具决定性的胜利之一。

尽管麦克马斯特做出了快速判断并取得了惊人的胜利，但不是每个人都认可麦克马斯特。在战火激烈的战场上多走几千米听起来可能不是什么大不了的事，但在军队中，一字不差地服从命令非常重要。麦克马斯特告诉我，他被上级训斥，因为他"以荒唐的方式让士兵的生命面临风险"。他的决定可能让他成为某些人眼中的英雄，但这个决定和在他整个军人生涯中做出的其他类似决定可能会延缓他在军队层级中的晋升。尽管麦克马斯特非常成功并最终成为三星将军，但他直言不讳的禀性可能阻碍了他获得人人羡慕的第四颗星。

如东 73 之战这样的战斗改变了五角大楼思考战争的方式。对众多政府要员来说，它证明了这一点：美国拥有世界上最强大、装备最好的军队。在海湾战争之后的几年里，一个占主导地位的思想流派涌现——美国的优越技术可以消除战争风险。20 世纪 90 年代中期，海军上将、参谋长联席会议副主席威廉·欧文斯曾在不同的场合表示，技术可以使美国军队在未来掀开"战

[①] 第二中队的幽灵部队有一人阵亡。

争迷雾"。麦克马斯特记得,五角大楼的人说美国军队非常强大,任何国家都不敢挑战它。麦克马斯特告诉我,他甚至听到要员们用了一个市场类比:"他们会说,我们用高价将其他军队赶出了市场。"

感谢新技术和"冷战"结束,军方认为可以精简军队,将权力集中在最高指挥层。于是,美国缩减了它的军事规模。

考虑到他在这场举世瞩目的战斗——它影响了美国下一个10年的军事战略——中的领导地位,麦克马斯特在海湾战争之后做的事情就更加引人注目。尽管他仍在服役,但他去了北卡罗来纳大学教堂山分校攻读历史学博士;他撰写了关于越南战争的论文。他关注在五角大楼工作的非军方职员,他们根据数据和风险模型推动美国与越南开战,但这些数据和模型未能考虑到当地存在的政治和社会复杂性。与此同时,通常而言军事将领害怕说出战场上发生的事情的真相,但麦克马斯特后来将他的论文作为书籍发表。这本书大获成功。书的名字是《玩忽职守:林登·约翰逊、罗伯特·麦克纳马拉、参谋长联席会议以及引发越战的谎言》(*Dereliction of Duty：Lyndon Johnson，Robert McNamara，the Joint Chiefs of Staff，and the Lies That Led to Vietnam*)。

第十二章
不确定性：战争迷雾

未知的"未知"

虽然我们大多数人可能一生都不会经历战争，但我们仍然可以学习麦克马斯特在战场上得到的经验，并更好地对我们无法预见的事情做好准备。我们通常面临更安全、代价更低的交互活动，但这些交互活动也往往是情绪化和不可预测的：与你家人讨论和谁一起度假、向老板要求加薪，或者不得不与糟糕的同事竞争以争取一个有利可图的客户。在任何一种情况下，获得我们想要的东西——快乐的假期、加薪、客户——要求我们在一个充满感情的环境中去冒险。周到的风险规划也不能完美地预测事情将如何发展。

当我们面对这些互动时，即使是最好的风险管理也会失效，因为这个世界和人们如何采取行动均在本质上是不确定的。风险模型很有价值，但如果你认为不可预测的东西变得完全可以预测，风险模型可能就会反噬。假设你决定冒险，要求老板加薪。如果你这么做是出于你的价值无法估量，那么你可能会以辞职来威胁。你可能确实非常有价值，但如果在摊牌时不知道某些机密信息——比如公司正面临财务困境而计划裁员，或者你的老板正在度过糟糕的一天——你会发现你由此失去工作，因为在你的风险计算中，你没有预见到这样的情形。

然而，我们的预估并不完美这个事实并不能为我们放弃风险管理提供充分的理由。很好地使用风险工具需要注意工具的局限性。如果工具能在90%或者哪怕只有10%的时间里起作用,它就比什么都不做更好(尽管我们的目标是在更多时间而不是更少时间起作用)。学习如何评估和管理风险是文艺复兴时期和启蒙时期的重大进步,它使人类摆脱迷信,为我们今日享受到的进步铺平了道路。所以,不要回避风险管理,而是要弄清楚如何最好地使用它,并承认那些不确定性,还要向大师学习如何能更好地处理它。

麦克马斯特的军人生涯一直在撰写和处理战争中最难以预测的要素。他看起来像是月光兔女郎农场的老板丹尼斯·霍夫的一个更年轻、更矮小的版本。他说话速度极快,声音嘶哑而有冲击力。他直言不讳、充满智慧,在僵化的军队架构中经常脱颖而出——这有好处也有坏处。他有一个历史学教授的敏锐头脑,却被困在一位威风凛凛的将军体内。和他对话时,他在言谈间引用了很多希腊哲学家的话语,并且他还推荐了许多书籍。他就像教授一样,给我下达了阅读的安排和指令,我还要交读书笔记给他。

在他被任命为特朗普总统的国家安全顾问之前,我们进行了为期几周的对话。那时,他正处于人生的十字路口。在为军队服务期满后,他计划离开军队。他最终决定在特朗普政府中为他的国家再服务一年,并在任职期间继续留在军队。他把自己在白宫待的一年称为他传奇军事生涯中的"额外一年"。

与领导士兵打仗相比,这是一种非常不同的风险。在接受

第十二章
不确定性：战争迷雾

任命之前的几周，他向我解释了战争中风险规划的危害性。他说："如果你想为一切做好计划，认为你有着太多的确定性，你就会制造出弱点。如果你过于努力地去预测可能发生的一切，而这一切会从确定性领域移到不确定性领域，你就在军队中制造了弱点。"

这一洞见是处理风险的很好的经验法则。它不仅可以用于军事——那里很明显存在风险管理的局限性——而且可以用在日常生活中。如果我们离开我们感到很适宜的工作，搬去另一个城市，或者接受新的挑战，我们永远不能预见所有可能失败或者成功的事情。而如果我们认为可以，我们就是为了失败而出发。

没有哪个机构在风险规划上会比军队花费更多的时间和精力。军队会使用模型和技术来弄清楚如何在各个级别的战争中降低风险——需要什么装备、军队的数量、目标又是什么。被称为运筹学的工程学领域是专门为军事行动开发的。它采取与金融界类似的做法来处理风险：先是定义目标，然后是找到完成目标的最佳方式，同时最小化下跌风险。

这些计划都是为了降低风险，但战争——即使配备了很多降低风险的技术——永远是不可预测的。你可以意料到的一件事是，意外总会发生。普鲁士将军和战争哲学家卡尔·冯·克劳塞维茨指出了几个要素，正是这些要素使战争天生不确定也无法预测：战争"政治"、战争的人性维度和复杂性，以及战争的相互作用或非线性等。

你可能会试着规划战争可能进行的每一种方式，而拥有更好的科技会让你占据巨大的优势，但战争是一场意志的竞争，你也不可能知道你的敌人会如何回应。

有时，军队会遇到比计划中更强大、更坚韧的敌人；有时，一场怪异的沙尘暴给了他们需要的优势并加以利用。如何计划得足够好，让士兵能有充足的准备上战场，同时又保持足够的灵活性来处理临战决策，是各国武装部队都面临的紧迫需要解决的问题。他们取得这种平衡的方式可以解释他们在战场上取得的诸多成功和失败。

由于惯于无视不确定性，历史注定重演

风险规划可以让我们陷入虚假的舒适：我们已经完全准备好应对任何可能发生的事情。这是一个诱人的幻觉，因为我们想要相信未来在我们的控制之下。处理不确定性时，第一步要做的是接受如下事实：无论我们计划多认真、多么仔细地研究数据，并给自己投保，我们仍将面临一些不确定性。我们可以减少不确定性，但永远无法消除它。这是一个难以接受的结论，它也注定了众多军事活动的失败。

有人可能会说，军队作战是以上一场战争为基础的——伊拉克战争的计划是基于海湾战争中发生的事情制订的，而海湾

第十二章
不确定性：战争迷雾

战争的计划是基于越南战争制订的。但这过于简单化了；按照历史学家威廉森·默里的说法，军事机构只学习它们想学习的教训："事实上，军事组织在很大程度上只研究让它们感到舒服的东西，而不是过往冲突中那些令人不快的教训。结果往往是军队不得不在战斗中重新学习那些在上次冲突后就显而易见的教训——而且其代价往往极高。"

我们可以在海湾战争引发的后果中看到这一点。它引发了"军事革命"。这种哲学认为，最新的技术如此强大，可以减少甚至消除战争中的大部分风险。军事革命渗透到五角大楼各处，也为将军队缩编成更轻巧、更有效的组织提供了依据。未来战争计划基于的假设是技术能使战争打起来又快又便宜，而且不会招致许多美国人伤亡。

但这只是海湾战争中的一个可能的经验教训，尽管是引人注目的一个。战争是可怕的，是人类干出的最糟糕的事情。人们因各种可怕的死法而死去。而尽管他们牺牲了，有时却什么问题都没有解决。战争也是不可预测的，冒险是获胜的唯一途径。你很自然地会有这样的想法：你可以获得战争的所有好处——全球霸权或者财富——并降低可怕的代价。但这是一个错误的教训。正确的教训是，你没法预测你的敌人。因此更好的做法是，学习麦克马斯特这样的军官在处理战场意外时做出的细微的决定。

历史上不乏犯下这类错误之后而陨落的帝国。第一次世界大战之后，法国的军事理论和制度文化以类似于海湾战争之后美国武装部队的方式发展。法国人确信新技术——坦克和飞机——可以降低战争的风险，并将命令集中在最高层。

以色列上校梅厄·芬克尔认为，法国之所以会在第二次世界大战中失败，就是因为法国处理战争的方式造成了僵化。部队的移动实际上完全是事先的精心安排，而基于的假设是战争会越来越可预测。希特勒观察到了这一点并指示他的将军们"运作和行动要快，对谨慎的法国人和笨重的英国人来说，做到这点并不容易"。

与法国军队不同——他们以严格的自上而下的命令方式开战，德国人接受了即兴和机动的训练。法国人对更加敏捷、更快速移动的德国敌人感到震惊。德国人在短短几周内占领了法国。

麦克马斯特称这种认为技术可以消除战争中的风险、让战争打得更快更省的想法是"吸血鬼谬误"——因为这种想法总是不会消亡。很容易看出为什么军队或我们任何人会受到诱惑，认为可以消除不确定性。不确定性使我们不舒服，而且处理成本极高。

麦克马斯特表示，军队在最高级别的命令层集中权力是一种过于自信的迹象。这是我们想要打仗的方式，它相对便宜而且简单。接受不确定性并为此做好准备更困难、更费钱。打仗需要一大批训练有素的部队，而且需要他们有权在现场做出决定——就像麦克马斯特在东73之战时做到的那样。

第十二章
不确定性：战争迷雾

训练士兵匆忙改变计划、修改命令可能听起来很混乱，甚至有风险。但如果他们受过良好训练，他们就会知道什么时候有必要这样做。麦克马斯特说，实践、教育和培训是至关重要的。他让自己的部队经历了战争演习，还学习了他们正在其中打仗的国家的文化和语言。实践使他们有信心做出正确的决定，而不是在出现意外情况时手足无措。即使事情不按计划进行，培训和学习如何团队合作会让士兵在能想象到的最紧张的情况下保持理性。训练和处理各种战场模拟也让士兵有能力进行创造性思考，并对那些以与他们期望中不同的方式发生的事情保持开放心态。

但是，建立和维护一支训练有素的大型军队的费用非常高。为不确定性做准备，就需要麦克马斯特所说的灵活性，而且就像传统的风险管理一样，灵活性也是有代价的。

如何处理不确定性

在做出不论或大或小的决定时使用风险评估和管理，很像带着地图去旅行。地图肯定会增加旅途成功的概率，但它没法告诉你会不会有一辆卡车撞上你。你仍然有必要成为一个警觉的驾驶员，在卡车迎面冲来的时候避开它。

在战争中，这意味着灵活性，或者说准备就绪的部队有权随时做出决定。如芬克尔上校在《论灵活性：从战场上来自技术和教条的突然袭击中恢复过来》(*On Flexibility*: *Recovery from Technological and Doctrinal Surprise on the Battlefield*) 一书中所写:"处理……意外不在于预测未来战场的性质或获得敌方就此备战的信息,而在于最初的意外发生后能迅速恢复过来。"

芬克尔认为,为了能够应对意外,军队必须具备4个要素,而这可以帮助它们保持必需的灵活性来对意料之外的事情做出反应。这些原则在战争中和日常生活中都有用:

1. 营造氛围,鼓励低级指挥官提出新想法、挑战官本主义——并被上级听到。士兵必须感到能表达自己的想法,哪怕它违背传统智慧和主流战略。这有利于形成看待冲突的平衡观点并避免"过于陷入教条的车辙"。

2. 意识到"超级武器"——无论它多么令人印象深刻——"最终会有(有效的)对抗措施来应对它"。于是军队需要其他的技术。

3. 具备一个鼓励"快速学习、快速传播(学到的)经验教训"的系统。这需要快速共享信息并做出正确的解读。

4. 聘用具有思想灵活度、能随着环境变化而修改战略的指挥官。这需要"一个鼓励提问、鼓励创意的环境",并提供优质的培训。这是一个艰难的平衡——军方想要士兵有一些自主权,但事先的计划和组织也很关键。这就是拥有训练有素的部队如此重要的原因。一旦事情在战斗中出错,人

第十二章
不确定性：战争迷雾

们很容易失去理智而恐慌，所以训练和准备能够帮助士兵保持冷静和理智。

我们可以将这些建议一般化，用在我们生活的许多方面。在工作中，这可能是对下级员工的开放性。即使你认为某个千年一遇的"万事通"很讨厌，但是他的见解通常也存在有价值的智慧片段。保持灵活性需要我们对让我们感觉不快的思想保持开放心态，在出人意料之处找寻答案。当然，要区分是好的、新的主意还是糟糕的主意，需要经验和专业知识。我们越了解市场、越了解通常会出现的风险，就越容易发现一个好主意。难的是，以谦卑之心锤炼自己的专业知识。

在决定如何将技术整合到我们生活中时，芬克尔的课程也非常有用。世界能如此互联真的很棒，但黑客和诈骗者也可以使用该技术来对付我们。这给人的感觉像是每次我们找出方法来逃避他们并感到安全后，他们就会找出另一种方式进入我们的生活。网络风险是不确定性的一个主要来源，而这是我们无法评估的风险。我们所能做的就是保持灵活，不断采用新的方法来保护自己：一旦有新的软件安全补丁就安装、使用两步认证、定期修改密码等。

最重要的是，一旦计划出了问题，我们需要保有改变航向的选项，并在这个过程中保持谦逊。卡特·科尔从女服务员成长为高管，她为了全职在猫头鹰餐厅工作而辍学，但她还是保留通过学习网上课程而回到学校的选择。她说她经常冒着最终无法成功的风险:"你不能把一个创意包起来,也不能预见到所有可能出错的东西。"但她保持灵活性,愿意认识到有些事情出了错并快速地改变方向。她说这需要谦逊并对其他人的看法保持开放心态。

从军事中我们需要学习的

战争的不确定性意味着它总是有风险的。军事行动的风险是否值得人们付出代价?这是一个能建立或者毁掉一个帝国的问题。军队的努力是否会成功不仅取决于是否有良好的规划,而且取决于是否为意外做出规划——而这是他们和我们所有人经常没能做到的。

有人认为,最新技术可以消除战争风险,使一个原本风险重重的行为变得安全。这种想法在金融市场中也有一个同样狂妄自大的镜像。2008年金融危机之前,经济学家谈到了"伟大的调节"。他们认为政策和风险管理已经消除了金融危机和灾难性经济衰退的风险。有些人甚至认为,金融衍生品和对冲策略(比如证券化抵押)已经消除了市场风险。

"大稳健"和风险管理的可靠性最终被证明同样是错的。几乎没人见识过的金融危机差点引发了另一场大萧条。

谈到金融的时候,就像战争一样,僵化是出错的原因之一。

第十二章
不确定性：战争迷雾

缺乏灵活性也是杠杆或负对冲如此有风险的原因。如果发生了意料之外的事情，你可能破产却还要偿还债务。这是大银行和许多家庭所做的事情。承担更多债务就像是将权力集中到军队最高层。它有时有效，但如果事情不能像你期望的那样发展，你就会有麻烦。

有一种很流行的做法是，看看谁预见到危机即将来临而谁没有预见到，并给他们计分。但这是处理不确定性的错误方法。没有人能一直做出正确的预测。几乎所有对金融危机提出"警示"的人都在日后做出了不少错误的预测。

相反，我们应该关注那些甘冒大风险的人——这些人进行对冲、保险，同时保持一定的灵活性和弹性——因为他们能教我们的东西最多。市场正蓬勃发展，而他们可能看起来过于谨慎，不愿冒巨大的风险。但实际上，他们只是预见到会发生意料之外的事情而已。他们创造足够的灵活度来处理意外——不管这些意外是好的还是坏的。

他们明白，即使是最好的工具、最好的风险规划和最好的技术都不能改变战争的本质，也不能改变金融市场、我们职业生涯的进程或找到伴侣的过程。一旦涉及人类行为，没有什么是完全可以预测的。风险工具——良好的规划、数据、多样化、对冲和保险——可以让我们有一些确定性，但永远不能保证人们在市场中进行投资时不会亏钱、冲浪者不会溺水、战争不会打输、我们不会失去工作或者经历心碎，等等。

麦克马斯特对风险模型的局限性做出了直言不讳的批评，但仍在使用模型。他认为应对不确定性的最佳方法是开战之前做好准备和教育。风险评估和管理的过程迫使我们想清楚我们的目标是什么、风险是什么，以及如何降低风险。这个过程也使我们了解在战场上可能会发生什么。

如果你要求加薪并花时间思考什么是你愿意接受的、你想从职业生涯中得到什么，以及你的老板愿意付出怎样的代价，你就会面临更少的意外，然后就能创造出灵活的空间。如果你谈判时只想到愿意接受20%的加薪，而你的老板又确实让你大吃一惊，你就制造了太多的僵化和弱点。给你的老板一些选择——比如不是加薪而是扩展你的职责范围或者有更多的假期，你就能保留一定程度的灵活性。这种灵活性为你提供了调整的空间，同时又能让你解决问题。

风险评估和风险管理提供最有价值的方法来处理风险和不确定性。但就像任何东西一样，如果使用不当，它们制造的风险会比它们预防的风险更多。关键在于更好地进行风险评估和风险管理，但仍做好准备，在意外发生时改变策略。

结　语

生活要想继续，我们就必须冒险。了解风险，知道如何冒聪明的险，是一项关键的生活技能，但很少有人教授风险科学。这也许可以解释为什么我们倾向于以二元方式思考风险：要么冒险，要么不冒险；要么你有把握，要么未来是完全随机和无法预测的。这就难怪冒险让人感到压力重重或极度害怕了。

本书中金融经济学的教训提供了另一个选择，一种更现实、更有用的风险应对方法。这不是你有没有确定性的问题。你永远不可能确定无疑，但有些情况比其他情况更具风险。我们越是接受生活中存在的不确定性，就越能应对它并成长起来。

不要问："我应该冒险吗？"而应该问："怎样才能更聪明地冒险？"金融经济学的核心课程是，风险是我们为了获得更多而付出的代价。冒险的人往往会得到更多，但他们也面临失败的可能。我们可以降低风险，但那样做也是有代价的。

这些表明了一种不同的风险应对方法。

明智的风险承担者不会逃离风险境地。不要去讨论是否要冒险，而是去追求你想要的东西：对涉及的风险进行评估，只冒必需的风险而得到你想要的东西。

知道如何冒适度的风险,会增加冒险成功的可能性并能从生活中获得更多。尽管这种做法没有提供任何保证,但能鼓励我们更频繁地冒险并追求更大的回报。在瞬息万变的技术驱动型经济中——这种经济曾经威胁或改变我们的工作和生活的方式,但也提供了更多的可能性——我们比以往任何时候都需要了解风险。

当我写作本书时,最容易的部分就是在与传统金融无关的地方找到那些了不起的冒险者。能在自己的事业——无论是冲浪、跟踪名人,还是打仗——上获得成功的那些人都能很好地管理他们的风险。至少在我们生活的一个方面,我们都是聪明的冒险者,也有能力在我们所做的每个决定上应用同样的逻辑。

通过了解风险背后的科学,我们可以做到这几点:如何定义风险、如何评估风险、如何识别风险类型,以及如何管理风险。金融经济学是风险科学。它提供了一个框架,帮助我们了解什么才是值得冒的风险。

一旦我们知道什么有用以及为什么有用,我们就可以在做出决定时应用我们的风险策略,如怎样为退休投资、何时前往机场这样的事情就会简单许多,也不再那么有压力。

更好地利用这些工具,冒更多的风险,随时为意外做好准备。

致　谢

写作本书时,我得到了一群善良、慷慨、耐心的人的帮助。首先,我要感谢罗伯特·C.默顿,他激励我去写作本书,帮我拟定了本书的提纲,还为各章节提供了有用的参考。默顿提醒我风险是:任何不是无风险的东西。

我非常感谢我采访过并在本书进行介绍的所有人。你们的故事让本书成为可能。让我讲述你们的人生故事,你们确实冒了风险。我希望我如实做出了描述。

我还有一小群读者,特别是罗宾·爱泼斯坦和贾森·莱文,他们阅读了每一章的各个版本,提供了非常宝贵的反馈。我也从埃米莉·吕布、斯泰西·瓦尼克-史密斯、彼得·汉考克、克里斯·威金斯、莉萨·考恩、拜伦·罗杰斯、科乔·阿佩吉诺、普拉文·科拉帕提、詹娜·赖内、哈尔·沃格尔、罗斯·费尔默、大卫·普尔曼、吉尔·斯托、布兰登·阿楚莱塔和佩永·利扎拉祖等人那里获得了非常有用的意见。

本书中的大多数主题对我来说都是新的。我曾有这样一个疯狂的想法:金融经济学可以解释任何市场,但首先我要对这些市场有所了解。通常这需要深入一个全新的，有时还是神秘的亚文化。要是没有一群专家热心地花费时间向我解释有关工作原理、向我介绍合适的人，我不可能做到这一点。

我要感谢杰里米·勒米尔安排我在霍夫的妓院中进行的所有采访，感谢丹尼斯·霍夫让我在他的妓院中自由走动——我真希望本书出版的时候，你还活着，感谢叙泽特夫人鼓励她的姑娘们和我谈话。特别感谢法拉赫·班克斯、卡桑德拉·克莱尔和鲁比·蕾。感谢斯科特·坎宁安在数据上提供的帮助。

乔恩·斯洛斯、罗斯·费尔默和戴维·沙欣以及他在摩根大通的整个团队使关于电影的那一章成为可能。我也必须感谢丹·戈尔德施泰因和詹娜·赖内向我——一位高效市场原教旨主义者——解释了为什么行为经济学如此重要。非常感谢迈克·纳夫特和厄希·杰拉尔德分享他们的故事，并把我介绍给财富协会的每个人。

我很感谢肯塔基州的那些人，他们花了不少时间向我解释了他们所在行业的秘密：弗兰克·米切尔、埃米琳·希尔（她在爱尔兰）、格兰特·威廉森、伯尼·萨姆斯、大卫·兰伯特和埃德·德罗莎。

非常感谢嘉年华的人转录了我对阿诺德·唐纳德进行的为期两个半小时的采访。我不知道你的名字，但我对你感激不尽。

我非常感谢马克·希利和大浪风险评估小组的每个人，特别是伊恩·马斯特森和利亚姆·维尔莫特非常热情。我欠克里

致　谢

斯·高夫一个人情：当我第一次给你打电话说我在写一本关于金融的书，想要采访冲浪者的时候，你毫不犹豫地说："你的电话打对了。"那一刻，我就知道这一章会成功。

感谢马克斯·博特向我介绍了麦克马斯特将军，感谢凯文·川崎解释军队如何管理风险。

非常感谢来自Quartz（新闻网站）的凯文·德拉尼、劳伦·布朗、贾森·卡拉伊恩和卡比尔·奇比尔。凯文·德拉尼，你愿意冒险相信我。你给了我探索Quartz市场的机会和平台，这让我能作为一个作家和经济学家扩展相关知识。我需要这样的知识来获得成功。

非常感谢我的编辑斯特凡妮·弗雷里希，以及所有Portfolio（出版品牌）的人。特别是布里亚和丽贝卡，她们马上理解了本书并和我一样喜欢它。是你们的编辑工作使本书成为现在这个样子的。而莫琳·克拉克，你的文字编辑工作非常出色，谢谢你如此用心和专注，让我看起来成了一个好得多的作家。非常感谢我的经纪人梅尔·弗拉什曼，他让这个过程变得其乐无穷。

我要是错过了谁的名字，我向你们致歉并非常感谢你们。我相信有不少被我漏掉的人。

最后，我的家庭如此美好，对我如此支持。我欠你们一切：我的母亲、我的父亲、史蒂夫、特里、乔希、斯塔奇和达科塔。你们从不质疑我做出的生活选择。在我读研究生的时候，你们一直为我提供帮助。即使我得到学位后做了一些非常奇怪的事情,你们仍然坚定不移地支持我。正是因为你们,我才感到如此安全,也有机会去大胆冒险。

注 释

第一章 风险：是什么，出现在哪些非常规之处

性工作者被谋杀：D. D. Brewer et al., "Extent, Trends, and Perpetrators of Prostitution- Related Homicide in the United States," *Journal of Forensic Sciences* 51, no. 5 (September 2006): 1101–8.

经济上成功的希望：Rolf Skjong, "Etymology of Risk: Classical Greek Origin— Nautical Expression— Metaphor for 'Difficulty to Avoid in the Sea,'" February 25, 2005, http://research.dnv.com/skj/Papers/ETYMOLOGY-OF-RISK.pdf.

为期四年的性交易数据：数据由一位研究者从互联网上抓取。他大方地分享了数据，但希望匿名。

与皮条客合作的妓女：Steven Levitt and Sudhir Venkatesh, "An Empirical Analysis of Street-Level Prostitution," unpublished manuscript, 2007, http://international.uclaedu/institute/article/85677.

经济学家的估计：Paul Gertier, Manisha Shah, and Stefano M. Bertozzi, "Risky Business: The Market for Unprotected Commercial Sex," *Journal of Political Economy* 113, no. 3 (June 2005): 518–50.

预估及不确定性：Frank Knight, Risk, *Uncertainty, and Profit* (Boston: Houghton Mifflin Co., 1921).

第二章 回报：明确你想要什么才能得到什么

低卡路里的替代品：来自2016年和2017年对科尔的采访。

第四章 好莱坞对确定性的追求永无止境

精妙的Excel表格：Chris Jones, "Ryan Kavanaugh Uses Math to Make Movies," *Es-quire*, November 19, 2009. https://www.esquire.com/news-politics/a6641/ryan-kavanaugh-1209/.

进行这项投资：Connie Bruck, "Cashier du Cinema," *New Yorker*, October 8, 2012, https://www.newyorker.com/magazine/2012/10/08/cashier-du-cinema.

无法评估：Peter Bernstein, *Against the Gods: The Remarkable Story of Risk* (Hoboken, NJ: John Wiley & Sons, 1996).

符合这种分布：Eugene Fama, "The Behavior of Stock-Market Prices," *Journal of Business* 38, no. 1 (January 1965): 34–105.

所有发行的电影：数据来自 Nash Information Services, http://nashinfoservices.com/.

完全相同的形状：Arthur De Vany and W. David Walls, "Uncertainty in the Movie Industry: Does Star Power Reduce the Terror of the Box Office?," *Journal of Cultural Economics* 23, no. 4 (November 1999): 285–318.

恐怖片平均成本：根据 Nash Information Services 的数据进行了估计。

好莱坞的"圣杯"Alex Ben Block, "Ryan Kavanaugh's Secret to Success," *Hollywood Reporter*, September 29, 2010, https://www.hollywoodreporter.com/news/ryan-kavanaughs-secret-success-28540.

13%~18%：Tatiana Siegal, "Gun Hill Slate a Sound Investment," *Variety*, October 14, 2007, https://variety.com/2007/film/markets-festivals/gun-hill-slate-a-sound-investment-1117974039/.

美国票房只有 539 000 美元：Benjamin Wallace, "The Epic Fail of Hollywood's Hottest Algorithm," *New York Magazine*, January 25, 2016, http://www.vulture.com/2016/01/relativity-media-ryan-kavanaugh-c-v-r.html.

记者本·弗里茨：Ben Fritz, *The Big Picture: The Fight for the Future of Movies* (New York: Houghton Mifflin, 2018).

总监戴维·沙欣：对沙欣及其摩根大通团队的采访。

第五章 风险的类型：狗仔队不为人知的生活

经济学家威廉·夏普和约翰·林特纳：William F. Sharpe, "Capital Asset Prices: A Theory of Market Equilibrium Under Conditions of Risk," *Journal of Finance* 19, no. 3 (September 1964): 425–42.

衡量了美国人的收入趋势：Fatih Guvenen, Sam Schulhofer-Wohl, Jae Song, and Motohiro Yogo, "Worker Betas: Five Facts About Systematic Earnings Risk," *American Economic Review* 107, no. 5 (May 2017): 398–403.

就业市场紧张：Craig Copeland, "Employee Tenure Trends: 1983–2016," *Employee Benefit Research Institute Notes* 38, no. 9 (September 20, 2017), https://www.ebri.org/publications/notes/index.cfm?fa=notesDisp&content_id=3497.

第六章 展望理论：回归理性

飙升的收视率：Phil Hellmuth, Poker Brat: *Phil Hellmuth's Autobiography* (East Sussex, England: D&B Publishing, 2017), 248.

理查德·塞勒和埃里克·约翰逊：Richard Thaler and Eric Johnson, "Gambling with the House Money and Trying to Break Even: The Effects of Prior Outcomes on Risky Choice," *Man-agement Science* 36, no. 6 (June 1990): 643– 60.

波莫纳学院的经济学家：Gary Smith, Michael Levere, and Robert Kurtzman, "Poker Player Behavior After Big Wins and Big Losses," *Management Science* 55, no. 9 (September 2009): 1547– 55.

后来的研究：David Eil and Jaimie W. Lien, "Staying Ahead and Getting Even: Risk Attitudes of Experienced Poker Players," *Games and Economic Behavior* 87 (September 2014): 50– 69.

早上赚钱：Joshua D. Coval and Tyler Shumway, "Do Behavioral Biases Affect Prices?" *Journal of Finance* 60, no. 1 (February 2005): 1– 34.

相比输家：Nicholas Barberis and Wei Xiong, "What Drives the Disposition Effect? An Analysis of a Long- Standing Preference- Based Explanation," *Journal of Finance* 64, no. 2 (April 2009): 751– 84, July 2006.

规避损失：John List, "Does Market Experience Eliminate Market Anomalies?," *Quarterly Journal of Economics* 118, no. 1 (February 2003): 41– 71.

第七章 风险的错误认识：心存侥幸

大约有700万美元：Barry Meier, "Crazy Eddie's Insane Odyssey," *New York Times*, July 19, 1992, https://www.nytimes.com/1992/07/19/business/crazy-eddie-s-insane-odyssey.html.

6 000 多万美元：Meier.

实际亏损了数百万：Meier.

多报了 6 500 万美元：Stephen Labaton, "S.E.C. Files Fraud Case on Retailer," *New York Times*, September 7, 1989, https://www.nytimes.com/1989/09/07/business/sec-files-fraud-case-on-retailer.html.

交通死亡人数额外增加了 1 600 人：Gerd Gigerenzer, "Dread Risk, September 11, and Fatal Traffic Accidents," *Psychological Science* 15, no. 4 (April 2004): 286– 87.

社会学家调查了 1 354 名青少年：Thomas A. Loughran, Greg Pogarsky, Alex R. Piquero, and Raymond Paternoster, "Re-examining the Functional Form of the Certainty Effect in Deterrence Theory," *Justice Quarterly* 29, no. 5 (2012): 712– 41.

权力的实施：Paul Slovic, "Trust, Emotion, Sex, Politics, and Science: Surveying the Risk- Assessment Battlefield," *Risk Analysis* 19, no. 4 (August 1999): 689– 701.

阻止太多犯罪：Justin McCrary and Aaron Chalfin, "Criminal Deterrence: A Review of the Literature," *Journal of Economic Literature* 55, no. 1 (March 2017): 5– 48.

有效的犯罪威慑：Jonathan Klick and Alexander T. Tabarrok, "Using Terror Alert Levels to Estimate the Effect of Police on Crime," *Journal of Law and Economics* 48, no. 1 (April 2005): 267– 79.

同样有效：Brendan O'Flaherty, *The Economics of Race in the United States* (Cambridge, MA: Harvard University Press, 2015), 362– 66.

第三代避孕药：Gerd Gigerenzer, "Making Sense of Health Statistics," *Bulletin of the World Health Organization* 87, no. 8 (August 2009): 567.

人们可能并不理解概率：Gerd Gigerenzer, *Reckoning with Risk: Learning to Live with Uncertainty* (New York: Penguin Books, 2002).

第八章　多样化：在所有错误的地方寻找效率

赛场收入：Jill Stowe and Emily Plant, "Is Moneyball Relevant on the Racetrack? A New Approach to Evaluating Future Racehorses," *Journal of Sports Economics*, http://journals.sagepub.com/doi/full/10.1177/1527002518777977.

两万匹纯种小马驹：Jockey Club *Foal Crop* 2018n, http://www.jockeyclub.com/default.asp?section=FB&area=2.

由血统决定：Devie Poerwanto and Jill Stowe, "The Relationship Between Sire Representation and Average Yearling Prices in the Thoroughbred Industry," *Journal of Agribusiness* 28, no. 1 (Spring 2010): 61–74.

马的"速度基因"：E. W. Hill, J. Gu, S. S. Eivers, R. G. Fonseca, B. A. McGivney, P. Govindarajan, et al. "A Sequence Polymorphism in MSTN Predicts Sprinting Ability and Racing Stamina in Thoroughbred Horses," *PLoS ONE* 5, no. 1 (January 2010): e8645.

过去40年：M. M. Binns et al., "Inbreeding in the Thoroughbred Horse," *Animal Genetics* 43, no. 3 (June 2012): 340–42.

纯种马其近亲繁殖程度：来自对宾斯的采访。

配种费是50万美元：Terry Conway, "Northern Dancer: The Patriarch Stallion," America's Best Racing, September 18, 2017, www.americasbestracing.net/the-sport/2017-northern-dancer-the-patriarch-stallion.

"北方舞者"基因出现的比例：来自大卫·丁克的一份未发表的研究。

"北方舞者"的冲刺基因：Mim A. Bower et al., "The Genetic Origin and History of Speed in the Thoroughbred Racehorse," *Nature Communications* 3 (2012): article number 643.

比赛中的成绩保持平稳：Patrick Sharman and Alastair J. Wilson, "Racehorses Are Getting Faster," *Biology Letters* 11, no. 6 (June 2015): 1–5.

遗传创新更少：Mark W. Denny, "Limits to Running Speed in Dogs, Horses and Humans," *Journal of Experimental* Biology 211 (December 2008): 3836–49.

现在差不多是一半：根据 Federal Reserve Board's 2016 Survey of Consumer Finances 中的数据做出的估计，https://www.federalreserve.gov/econres/scfindex.htm.

关注回报，也要关注风险：Peter Bernstein, *Capital Ideas: The Improbable Origins of Modern Wall Street* (Hoboken, NJ: John Wiley & Sons, 2005), 57.

风险和费用：Eugene Fama and Kenneth French, "Luck Versus Skill in the Cross-Section of Mutual Fund Returns," *Journal of Finance* 65, no. 5 (October 2010): 1915–47.

像"军火贩"这样的竞赛获胜者：来自对兰伯特博士的采访。

更聪明的育种选择：基于对罗杰斯的采访。

遗传学有能力：基于对希尔的采访。

第九章 消除风险：对冲的艺术

中西部公司高管：Tony Munoz, "Arnold Donald, President & CEO, Carnival Corporation & plc," *Maritime Executive*, January/ February 2017, https://www.maritime-executive.com/magazine/arnold-donald-president-ceo-carnival-corporation-plc.

销售额来衡量："Arnold Donald:'It Stopped Working Because the World Changed,'" *Financial Times*, January 8, 2017, https://www.ft.com/content/3201e790-9abd-11e6-b8c6-568a43813464.

担任董事长直到2005年：Heather Cole, "Arnold Donald's Sweet Deal," *St. Louis Business Journal*, May 13, 2004, https://www.bizjournals.com/stlouis/stories/2004/05/17/story1.html.

孟山都的同事都很吃惊：Ram, "Arnold Donald."

绝对转变：Jon Pareles, "David Bowie, 21st Century Entrepreneur," *New York Times, June 9, 2002.*

鲍威很快发问：来自对普尔曼的采访。

迪士尼的约翰·帕吉特：Chabeli Herrera, "How Carnival Revolutionized Its Guest Experience with Super-Smart Tech," *Miami Herald*, January 8, 2017, www.miamiherald.com/news/business/tourism-cruises/article125317259.html.

和他的团队：Allison Schrager, "Can Carnival Possibly Make a Cruise with Thousands of Passengers Feel Personable?" *Quartz*, April 18, 2018, https://qz.com/1194838/carnival-ocean-medallion-a-disney-magicband-for-cruises/.

第十章 保险：引入股票期权

费希尔·布莱克和迈伦·斯科尔斯：Fischer Black, Myron Scholes, "The Pricing of Options and Corporate Liabilities," *Journal of Political Economy* 81, no. 3 (May/ June 1973): 637–54.

期权价格：Robert Merton, "Theory of Rational Option Pricing," *Bell Journal of Economics and Management Science* 4, no. 1 (Spring 1973): 141–83.

20 000 个合约：见 "A Brief History of Options," Ally Invest Options Playbook, www.optionsplaybook.com/options-introduction/stock-option-history.

400 万期权合约：Chicago Board Options Exchange, *Annual Market Statistics*, http://www.cboe.com/data/historical-options-data/annual-market-statistics.

预防了更多的犯罪：Michael Mueller-Smith, "The Criminal and Labor Market Impacts of Incarceration" (unpublished working paper, 2015), https://sites.lsa.umich.edu/mgms/wp-content/uploads/sites/283/2015/09/incar.pdf.

第十一章 道德风险：带着保险去冲大浪

噩梦的形式：Greg Long, "Greg Long Recounts Almost Drowning," *Surfing Magazine*, October 1, 2014, https://www.surfer.com/surfing-magazine-archive/surfing-video/greg-long-drowning/.

默顿使金融市场中广泛使用期权：来自与基乌拉纳的采访中了解的家族历史，以及将摩托艇作为安全建议的发现。

经济学家萨姆·佩尔兹曼：Sam Peltzman, "The Effects of Automobile Safety Regulation," *Journal of Political Economy* 83, no. 4 (August 1975): 677–726.

1997年略低于20%：The President's Working Group on Financial Markets, "Hedge Funds, Leverage, and the Lessons of Long-Term Capital Management," April 1999, https://www.treasury.gov/resource-center/fin-mkts/Documents/hedgfund.pdf.

为新科技进行融资：William N. Goetzmann, *Money Changes Everything: How Finance Made Civilization Possible* (Princeton, NJ: Princeton University Press, 2017).

趋势发生逆转：National Highway Traffic Safety Administration, "Summary of Motor Vehicle Crashes," August 2018, DOT HS 812 580.

奈特氏不确定性：Frank Knight, Risk, *Uncertainty, and Profit* (Boston: Houghton Mifflin Co., 1921).

规则5：不确定性无处不在

奈特氏不确定性：Frank Knight, Risk, *Uncertainty, and Profit* (Boston: HoughtonMifflin Co., 1921).

第十二章 不确定性：战争迷雾

制服和靴子：H. R. McMaster, "Battle of 73 Easting" (manuscript available at the Donovan Research Library, Fort Benning, GA): 8, www.benning.army.mil/library/content/Virtual/Donovanpapers/other/73Easting.pdf.

和我们练习的完全一致：McMaster, 12–13.

直到所有敌人被摧毁或者投降：McMaster, 20–21.

麦克马斯特告诉我：来自对麦克马斯特的采访。

"战争迷雾"：Peter Grier, "Preparing for 21st Century Information War," *Government Executive* 8, no. 27 (August 1995): 130. Williamson Murray, "Clausewitz Out, Computer In: Military Culture and Technological Hubris," *National Interest*, June 1, 1997, https://www.clausewitz.com/readings/Clause& Computers.htm.

最小化下跌风险：Colonel Arthur F. Lykke Jr., "Defining Military Strategy," Military Review 69, no. 5 (May 1989): 2– 8.

克劳塞维茨指出了几个要素：Carl von Clausewitz, *On War*, ed. and trans. Michael Howard and Peter Paret (1976; repr., Princeton, NJ: Princeton University Press, 1989).

"上次冲突"：Williamson Murray, "Thinking About Innovation," *Naval War College Review* 54, no. 2 (Spring 2001): 122– 23.

"笨重的英国人"：Meir Finkel,*On Flexibility*: Recovery from *Technological and Doctrinal Surprise on the Battlefield* (Stanford, CA: Stanford Security Studies, 2011), 206.

"最初的意外"：Finkel, 2. 斜体为原文所加。

这些原则：Finkel, 1– 17.Town, " *New York Times* , September 22, 1949, 28, https://timesmachine.nytimes.